聖職者の違法行為
と
身分の喪失

その類型と手続き規則

田中　昇

教友社

Giovanni Paolo PP II
Lettera apostolica in forma di motu proprio, *Sacramentorum sanctitatis tutela*, 30 aprile
2001, in *AAS* 93 (2001) 737-739.

Congregazione per la Dottrina della Fede
Lettera ai Vescovi e Superiori Generali riguardante la dispensa dal celibato sacerdotale
(Litterae circulares omnibus locorum Ordinariis et Moderatoribus generalibus religionum
clericalium de dispensatione a sacerdotali coelibatu), 14 ottobre 1980, in *AAS* 72 (1980)
1132-1135.
Normae de delictis Congregationi pro Doctrina Fidei reservatis seu Normae de delictis
contra fidem necnon de gravioribus delictis, 21 maggio 2010, in *AAS* 102 (2010) 419-434.
Lettera circolare per aiutare le conferenze episcopali nel preparare linee guida per il
trattamento dei casi di abuso sessuale nei confronti di minori da parte di chierici, 3
maggio 2011, in *AAS* 103 (2011) 406-412.

Congregazione per il Clero
Lettera circolare, *Facoltà speciali concesse alla Congregazione per il Clero*, 18 aprile
2009, in *EV* 26, pp. 286-297.
Lettera Circolare, *Linee procedurali di applicazione delle Facoltà speciali concesse alla*
Congregazione per il Clero, 17 marzo 2010, in *EV* 26, pp. 1173-1181.

Pontificio Consiglio per i Testi Legislativi
Dichiarazione, *circa la celebrazione dei sacramenti da parte dei sacerdoti che hanno*
attentato il matrimonio, 21 maggio 1997, in *Communicationes* 29 (1997) 17-18.

司祭のための祈り

至聖なる聖体のうちにおられる主イエスよ、
あなたは、あなたの司祭を通して私たちの間で永遠に働かれます。
彼らの言葉が、いつもあなたの言葉となり、
彼らの行いが、いつもあなたの行いとなりますように。
彼らの生き方が、いつもあなたの生き方を映し出すものでありますように。

彼らが人々の言葉を神に語る者であり、
また神の言葉を人々に語る者でありますように。
彼らの奉仕を必要とする教会と世界に彼らが仕える時、
恐れることなく奉仕の任務を果たすことができますように。

彼らがすべての人のために善を行い、
あなたの歩みと一致して歴史の道を歩むことで、
現代における永遠の神の証し人となりますように。

彼らが司祭の務めに誠実で、
自らの召命と献身にひたむきな者でありますように。
彼らが与えられた賜物を、喜びをもって生きることで、
司祭としてのアイデンティティーを示すことができますように。

あなたと人生を共にされた至聖なるあなたの母マリアが、
あなたの司祭たちといつも共にいてくださるように、
あなたにお願いいたします。アーメン。

司祭が毎日唱えるための祈り

全能の神よ。司祭としての務めをいただいた私たちが、それにふさわしく、まったき清い心と真心をもって正しくあなたに仕えることができるよう、あなたの恵みによって助けてください。

私たちが、罪とは無縁の完全な生活を送ることができない時も、

私たちが自分の行った罪悪を心から嘆き悲しみ、

謙遜な心と正しい意向をもって、

熱心にあなたに仕えることができる恵みをお与えください。

私たちの主キリストによって。アーメン。

祈願

まったき善であるイエスよ。私をあなたのみ心にかなう司祭としてください。

イエス・キリストへの祈り

いとも愛すべきイエスよ。あなたは特別な好意をもって、多くの人々の中から、司祭としての格別な尊厳とあなたに従う道に私を召し出してくださいました。

あなたにお願いいたします。私が、与えられた職務をふさわしく果たすことができるよう、神であるあなたの力をお与えください。

主イエスよ、あなたに祈り求めます。司教の手を通して私に与えられた恵みを日々新たなものとしてください。

この上ない優れた魂の医師よ。私を癒してください。

私が再び悪に陥ることなく、すべての罪から解放されて、死の瞬間まであなたに喜ばれることを行うことができますように。アーメン。

貞潔を守る恵みを願う祈り

主イエス・キリスト。あなたは私の魂の花婿であり、私の心と魂の喜びです。

御前に跪いて祈ります。私が日々、真の信仰を守り深めることができますように。いとも優しきイエスよ。私が、あらゆる背徳的な行動を退け、魂に逆らう肉体の欲求と地上的な欲望と無縁であり、あなたの助けによって咎められることのないまったき貞潔を守ることができますように。

原罪の汚れのない至聖なるおとめマリアよ。あなたはおとめの中のおとめであり、心から愛すべき母であられます。日々、私の心と魂を清めてください。あなたの執り成しによって、私に主を畏れる聖なる心を与え、私が自分の力に頼ることのないようにしてください。

マリアの処女性の守護者である聖ヨセフよ。私の心をあらゆる罪から守ってください。

神の小羊に絶えず従われた聖なる乙女たちよ。罪人である私を顧み、私が思い、ことば、行い、怠りによって罪を犯すことがないように、そしていとも清らかなイエスの御心から決して離れることがないようにしてください。アーメン。

（教皇庁聖職者省、2008 年 5 月 30 日作成）

本書を読まれる方々へ

　本書を紹介するにあたって、私は、第二バチカン公会議の閉会式
（1965年12月8日）のまさに前日、教皇パウロ6世により署名され、発
布された『司祭の役務と生活に関する教令』を読み直しました。「開
かれた教会となること」がこの公会議の目的であり、その会議が終わ
り、いよいよその目標に向かって歩み出す時に、あらためて司祭の役
割の重要性が確認されたのです。公会議でさまざまな刷新、画期的な
改革が教皇、司教たちによって提唱されても、実際に教会の現場にお
いて、それを実現してゆく使命は、現場の司祭たちに託されているか
らです。

　この文書の結語にあたる22項には、他の公文書には見られない表
現があります。「聖なるこの教会会議は、司祭生活の喜びを念頭に置
きながらも、現代の生活環境の中で司祭が遭遇する困難を見過ごすこ
とはできない……司祭は仕事において決して孤独ではなく、神の全能
の力に支えられていることを忘れてはならない。そして自分たちを主
の司祭職にあずからせるために招いたキリストを信じ、神は自分たち
の中に愛を増すことができることを考え、完全な信頼をもって自分の
役務に献身すべきである……これらすべてのことについて、聖なる教
会会議は全世界の司祭に厚く感謝する。『我々のうちに働く力によっ
て、すべてを我らの願いや考えをはるかに越えて行うことができる
神に、教会とキリスト・イエスとにおいて栄光あれ』（エフェ3：20-
21）」。およそ公会議公文書全体の中でも、上に引用した下線部のよう
な司祭への感謝の表明は、おそらくこの箇所だけであろうと思います。

　司祭の任務と生活は、これほどまでに教皇、司教団、そして信徒の

方々から期待と信頼をもって委託されている聖なる任務であり、それを生きるためには聖性と霊性が伴わなければならないものなのです。またそれゆえ、この任務と生き方に反する重大な不正行為、犯罪行為を行った司祭、あるいはさまざまな状況からこの司祭職を誠実に果たすことができなくなった司祭は、場合によって教会の善益のためにもその身分や役職から去らなければならないのです。本書で紹介されている主な内容は、まさに身分を剥奪しなければならないほど重大な聖職者の違反についての教会法上の対処法・手続き規則です。これには、当然、年少者への聖職者による性的虐待の事案についての教会法上の対処法も含まれています（この措置は国家法上のそれとは別であるので混同しないように注意してください）。

　一見すると、『聖職者の違法行為と身分の喪失』という本書のタイトルは、多くの人々に驚きや不安を与えるかもしれません。しかし、田中昇師が本書を著したのは、本文中に次のように述べられている重大な理由によるものだという理解に立てば、それが当を得たものであることがわかります。「信仰共同体において人々に霊的・物的害悪となっていて、ただ訓戒するだけでは、もはや矯正が期待できない聖職者を、教会共同体の善益のために、その身分から追放する権能と法的措置を教会は具備しています。それを紹介することが本書の目的です。それゆえ本書を通して読者の皆さんと分かち合い、理解を深めたいテーマとは、まさに教会の聖性の保護、なかでもその源泉となる叙階の秘跡の聖性の保護です。それは信者とその共同体の権利の保護、ひいては教会に対する信頼につながるものでもあると言えます」（第1章「はじめに」より）。実際、本書には犯罪を犯した聖職者を身分剥奪のうえ追放するということだけが書かれているのではなく、誠実な気持ちから自らこれを辞さざるをえない状況となり、聖職者の身分とその役割から退くことを求める司祭に対する母としての教会の配慮について

も説明されているのです。そして著者が述べているとおり、それらの法規範も教会の善を推進するための一手段であることも確かなのです。

　それゆえ本書は、皆さんにとって躓きとなるものどころか、むしろ私たち一人ひとりと教会全体にとって正統な信仰を擁護するための重要な役割を持つ指針と言えるものなのです。本書の内容は、これまで日本の教会でほとんど公に知られていなかった教会内で起こる不祥事に対して教会法に基づいてどのよう対処したらいいのかを公文書資料と共に紹介する貴重なものと言えます。それは、健全な教会の営みのためにどうしても知っておかなければならない事柄であって、臭いものに蓋をするかのようにそれを知らないでいることの方がかえって教会にとって害悪となるのです。

　現行教会法典の序文でも繰り返し引用されている古代から諸教会会議で言われてきた言葉を今一度思い起こすべきでしょう。「司祭が、聖書と教会の規範となる法について無知であってはならない。なぜなら無知は誤りの母であり司祭にとってはあってはならないことである」[1]。

　本書の内容が、聖職者、修道者、信徒それぞれの立場にあるすべてのキリスト者にとって有益なものであることを私は信じてやみません。

東京管区教会裁判所長官

東京教区司祭

稲川保明神父

（1）　トレド教会会議、カノン25（Mansi, X, col. 627）、教皇チェレスティーノ1世書簡（Jaffé2, n. 371; Mansi, IV, col. 469）を参照。

目　次

第 1 章

聖職者の違法行為と身分の喪失　15

はじめに　15

1．聖なる職階と聖職者としての身分　25

2．教皇の恩典による聖職者の義務の免除と身分の喪失　31
　2.1　聖職者の義務を免除するための恩典　31
　2.2　聖職者の独身の義務の歴史的背景　32
　2.3　聖職者の義務の免除権限　34
　2.4　聖職者の義務の免除の法規範　35
　2.5　聖職者の義務の免除手続き　40

3．刑罰としての聖職者の身分の喪失　42
　3.1　教会法における犯罪と刑罰　42
　3.2　刑罰による聖職者の身分からの追放　44
　3.3　聖職者省に与えられた刑罰による聖職者の身分からの追放
　　　に関する特別権限　49
　3.4　教会法の刑事訴訟手続きの諸要素　57
　3.5　訴訟手続き　69
　3.6　特記事項　74

4．福音宣教省に与えられた特別権限とその適用のための規則　75

　4.1　特別権限とその適用範囲　76

　4.2　特別権限の適用に際して実施すべき手続き　80

　4.3　聖職者省の特別権限との関連性　85

5．その他の聖職者の違法行為に対する法的措置　85

　5.1　叙階権の行使に対する不適格　86

　5.2　主任司祭の罷免手続き　90

　5.3　違法になされた行政決定に対する訴願手続き　93

むすび　101

第2章

聖職者の身分の喪失の手続きに関する使徒座担当官による解説　106

『使徒座の答書による聖職者の身分の喪失』　106

『刑罰としての聖職者の身分の喪失と聖職者省の特別権限』　134

参考資料（聖職者の身分喪失に関連する公文書資料）　165

1．教理省『司祭の独身の義務の免除についての司教ならびに総長
　への書簡』　166

　教理省『司祭の独身の義務の免除のための手続き規則』　172

　　付録1「申請者に対する質問例」　174

　　付録2「証人に対する質問例」　179

2．典礼秘跡省『聖職者の義務の免除手続きのための必要書類』　182

3．聖職者省『聖職者省に付与された特別権限について』　187

４．聖職者省『聖職者省に付与された特別権限の適用に関する手続きのための指示書』 202

５．福音宣教省『宣教のための奉献生活・使徒的生活の会の会員ならびに司祭・助祭の還俗を行政訴訟において取り扱うための福音宣教省に与えられた特別権限について』 214

６．福音宣教省『司祭・助祭から提出される聖職者の義務の免除申請について』 218

７．福音宣教省『刑罰による聖職者の身分からの追放に関する裁治権者のための指示書』 222

８．聖職者省『聖なる任務への再加入・資格回復』 226

９．教皇ヨハネ・パウロ２世『教理省に留保されたより重大な犯罪に関する規則』と共に公布されるべき自発教令形式による使徒的書簡『諸秘跡の聖性の保護』 233

10．教理省『教理省に留保された犯罪に関する規則』すなわち『信仰に反する犯罪およびより重大な犯罪に関する規則』 236

11．教理省『聖職者による未成年者に対する性犯罪に関する司教協議会のガイドライン作成支援のための書簡』 250

12．教皇庁法文評議会『宣言』——婚姻を試みた司祭による秘跡の挙行について—— 259

付記　秘跡の有効要件としての当事者の意思について 262

あとがき 265

第1章

聖職者の違法行為と身分の喪失

はじめに

「キリスト信者の中のある者は、神の制定による叙階の秘跡によっ
て消すことのできない霊印で刻印され、聖なる奉仕者に立てられま
す」（教会法第1008条）[1]。

こうして受階者は、「キリスト信者のうちにあって法的に聖職者と
呼ばれ」（教会法第207条）[2]、信徒と区別されることになります。

聖職者は、「各々その職階（司教職、司祭職および助祭職）に応じて、
新たな固有の資格で神の民に仕えるよう聖別され、教会の職務に任命
されます」（第1008条）[3]。

その固有の資格として、「司教職または司祭職に叙された者は、頭
であるキリストの位格において働く使命（missio）と権限（facultas）
を受けます。助祭は、典礼とみ言葉と愛徳の奉仕によって、神の民に
仕える力（vis）を受けます」（教会法第1009条第1項）[4]。

---

(1)　第二バチカン公会議『教会憲章』第10、11、20、27項、『司祭の役務と生
活に関する教令』第2項参照。

(2)　『教会憲章』第10、20項参照。

(3)　教皇ベネディクト16世、自発教令『オムニウム・イン・メンテム』第1項参照。

(4)　『教会憲章』第28、29項参照、自発教令『オムニウム・イン・メンテム』
第2項参照。

第二バチカン公会議の成果を法文化した現行教会法典が規定している
ように、キリスト信者の中のある者は、叙階の秘跡的聖別を通して、
その魂に消えることのない霊的な印を刻まれ、キリストの教会に奉仕
する助祭、司祭、司教といった聖職者とされます。

　神の民に奉仕するために聖職者が担うこの位階的権威、役務的祭
司職は、教会の使徒継承性にその起源を持つもので、頭であり牧者
であるキリスト[5]の代理者として働く権限と責任を形作る聖なる権能
（potestas sacra）[6]を具備しています。こうした理解において、あらゆ
る聖職者の使命は、頭であるキリストへの秘跡による一体化から生ま
れることがわかります。それは結果として、教会の伝統が「使徒的な
生活形態 apostolica vivendi forma」として特徴づけたところのもの
に、完全かつ心からの同意を伴うものなのです。これは、主イエスに
よって始められ、使徒たちによって実践、継承された「新しい生活形
態」、霊的な熱意をもった「新しい生」への参与に由来します。「神か
ら招かれたのですから、その招きにふさわしく歩み、一切高ぶること
なく、柔和で寛容の心を持ちなさい」（エフェ 4：1）、そして「聖なる
務めを果たす者にふさわしく振る舞いなさい。他者を中傷せず、大酒
の虜にならず、善を教える者となりなさい」（テト 2：3）と言われて

　（5）教皇ヨハネ・パウロ 2 世『現代の司祭養成 *Pastores Dabo Vobis*』（1992 年
3 月 25 日）第 15 項（*AAS* 84 [1992] 679-681）参照。さらに『カトリック教
会のカテキズム』第 875 項、および聖職者省、信徒評議会、教理省、典礼秘跡
省、司教省、福音宣教省、奉献・使徒的生活会省、法文解釈評議会の共同文書、
Instruction on certain questions regarding the collaboration of the non-ordained
faithful in the sacred ministry of Priest, *Ecciesiae de Mysterio*（1997 年 8 月 15 日）
in *AAS* 89（1997）860 を参照。
　（6）第二バチカン公会議『教会憲章』第 10、18、27、28 項ならびに『司祭の
役務と生活に関する教令』第 2、6 項、『カトリック教会のカテキズム』第 1538、
1576 項参照。

いるとおりです。このように聖職者への召し出しを生きることは、キリスト者として受け取った完徳への召命を固有の仕方において徹底して生きることに他なりません。それは、兄弟姉妹のために常に牧者として仕えるキリストに徹底的に似る者として生きること、真に神と人々への愛を生きることなのです[7]。

　偉大な教会の伝統は、秘跡の効果を司祭個人の具体的な存在状況から独立したものとして適切に切り離し、それによって信徒の純粋な恩恵に対する期待を正当にも保護しているのですが、それでもこの正統な教義的解明は、すべての司祭の心中に真に留めておくべき「倫理的な完全さ」に向かう必要性からくる緊張を取り去るものではないことも明らかです[8]。

　司祭は、自らに委ねられた主の羊の群れの中にあって、御父と私たちへの愛ゆえに仕えておられる唯一の大祭司キリストの生き方を体現し、彼を具現化することで、その存在を引き継ぐように教会から求められています[9]。これは日々の祈りと黙想、回心によって育まれた常なる慈愛のこもった献身の証によって形作られるもので、これこそあらゆる司牧的努力が向けられるべき真の到達点と言えるものなのです[10]。まさに古来より叙階式で「あなた方がこれから執り行うことを

（7）『教会憲章』第 18-20 項参照。

（8）教皇ベネディクト 16 世『聖職者省の通常総会の参加者への教話　*Allocution to the participants in the General Assembly of the Congregation for the Clergy*』（2009 年 3 月 16 日）in *EV* 26/208.

（9）教皇ヨハネ・パウロ 2 世、使徒的勧告『現代の司祭養成　*Pastores Dabo Vobis*』（1992 年 3 月 25 日）第 15 項 in *AAS* 84（1992）679-681; *EV* 13/1226-1231 参照。

（10）Cf. La Lettera circolare, *Falcoltà speciali concesse alla Congregazione per il Clero*, 18 aprile 2009, in *EV* 26, pp. 286-297.

よくわきまえ、それに倣いなさい」[11] と言われているとおり、司祭は
ミサで行うこと、すなわち愛の犠牲を日々、自分自身が生きなければ
ならないのです。そのため教会は、聖職者に対して諸義務を課すこと
で、法的にも倫理的にもその身分にふさわしく生活し、聖なる職務が
忠実に遂行されるよう求めてきました。なかでも生涯にわたる独身は、
聖職者が「分かたれぬ心でより容易く忠実にキリストに従い、より自
由な心で神とその民への奉仕に献身することができるようにする天の
国の賜物でありカリスマ」[12] なのです。

　叙階された者は、人としてはいまだ不完全かつ罪に弱い存在であり
ながらも、聖性と完徳を目指す生き方において、祈りのうちに御父と
対話する主イエスの友であり、神のいつくしみと愛、福音に生きる喜
びを伝えることのできる宣教者であるように召されています。特に司
祭は、交わりの人、対話の人であることが求められています[13]。聖職
者が、自分本位な考え方や生き方に固執し、神と人々への愛と尊敬を
欠いたり、悔い改めることを忘れ、み言葉と秘跡をいい加減に扱い、
祈りや教会の教え、教会の法を軽視したり、また人々に躓きを与える
悪い手本であるとしたら、彼はもはやキリストとその教会に愛をもっ
て仕える真の意味での聖職者と呼ばれるべき者ではないのです[14]。そ

---

　(11)　教皇ヨハネ・パウロ2世、使徒的勧告『現代の司祭養成 Pastores dabo
vobis』第22-24項、De ordinatione episcopi, presbyterorum et diaconarum, typis
polyglottis Vaticanis 1990, n. 163（p. 95）を参照。

　(12)　聖職者省『司祭の役務と生活に関する指針』（2013年2月11日）第80項
参照。

　(13)　教皇ヨハネ・パウロ2世、使徒的勧告『現代の司祭養成 Pastores dabo
vobis』第18項。

　(14)　教皇フランシスコ『一般謁見の演説』（2014年3月26日）、『司祭・神学生
のためのいつくしみの特別聖年のミサ説教』（2016年6月3日）= Francesco PP,
Sacerdoti misericordiosi come il Padre, LEV Città del Vaticano 2016, pp. 81-87
参照。

れはキリストの後に従って神と人々に仕えるために召し出された者ではなく、他者を自分に従わせ仕えさせることを良しとする呪われた悪魔的存在に他なりません。

　教皇フランシスコの言葉を借りれば、時として聖職者は、ゆるし飽きない神のいつくしみ深さや優しさ、善良さや忠実さ伝えることを忘れ、人間のことを思い（マタ 16：23 参照）、自分の正しさや考えを主張することに固守しているように思えることがあります[15]。それは聖ペトロも体験した人間としての弱さなのですが、聖職者にとって大事なことは、自分の浅はかな考えで信者を変えようとすることではなく、まして温かな眼差しを人々から遠ざけることでもなく、神の愛によって人々が変えられるように、司祭個人でなく主がそのいつくしみで人々を輝かせてくださるように人々を招き、主に委ねることなのです[16]。

　そのための力こそ、聖職者に与えられた秘跡的権能の源でありカリスマと言えるでしょう。この無償の賜物によって、司祭はキリストの姿を映し出します。聖霊の助けによって、司祭は良い羊飼いとして、傷ついた羊の痛みを知りその傷を包み、迷い出た羊を見つけ出して家に連れ帰り、飢え渇く羊を気遣い、善いもので満たす者として働くことができるのです[17]。法的、神学的な議論はさておき、司祭がキ

（15）教皇フランシスコ『司祭・神学生のためのいつくしみの特別聖年の講話』（2016 年 6 月 2 日、第 2 講話）= Francesco PP, *Sacerdoti misericordiosi come il Padre*, LEV Città del Vaticano 2016, pp. 31-50、『司祭・神学生のためのいつくしみの特別聖年のミサ説教』（2016 年 6 月 3 日）参照。

（16）教皇フランシスコ『司祭・神学生のためのいつくしみの特別聖年の講話』（2016 年 6 月 2 日、第 1, 2 講話）= Francesco PP, *Sacerdoti misericordiosi come il Padre*, LEV Città del Vaticano 2016, pp. 9-30, 31-55、『司祭・神学生のためのいつくしみの特別聖年のミサ説教』（2016 年 6 月 3 日）参照。

（17）『司祭・神学生のためのいつくしみの特別聖年のミサ説教』（2016 年 6 月 3 日）参照。

リストの代理者であるということは、まずもって司祭が主のいつくしみと愛を写し出す者であることにおいて、つまり神と人々を全身全霊をもって愛する者であることにおいてであるということを忘れてはならないでしょう[18]。なぜなら主イエスが聖ペトロにご自身の羊の世話を委ねられたのは、彼の正しさではなく主との間に結ばれた愛の絆においてだったからです（ヨハ21：15-17）。主への愛がなければ、当然信者への愛もなく、結果として司祭は真の司牧者として用をなさないのです。良い牧者は、羊が豊かに命を受けるために自らの命を捨てる（ヨハ10：10-11）のです。

　司祭が、叙階によって与えられたキリストの代理者として行為する力というものは、凝った祭儀を行うためのものでもなく、また生活に何の潤いももたらさない単なる哲学や神学の説明やくだらない漫談、耳触りが良いだけの話を説教台からするためのものでもありません。ましてや自分の思いを形にした記念碑や規則を小教区に残すことなどではありません。司祭の果たすべき本来の使命とは、人々の信仰を育て福音の喜びに生きることができるよう導くことです。

　司祭はキリストの神秘を自分勝手に解釈し祝うのでなく、キリストとその民と共に祝う者なのです。司祭とは、自分の善良さを人に示すのではなく、キリストのいつくしみと愛、ゆるしを伝える者です。司祭は、単なるキリストについての説明者でも聖書の言語学的な解説者でもなく、キリストと共に生き生きとみ言葉を人々の心に語りかけ、力づける存在なのです[19]。また司祭は、教会共同体が自分の言うことを聞くようにと慢心する独裁者ではなく、真の牧者であるイエスにこ

---

　(18)　教皇フランシスコ『一般謁見の演説』（2014年3月26日）参照。
　(19)　聖職者省『司祭の役務と生活に関する指針』（2013年2月11日）第81項
参照。

そ人々が聞き従えるように人々の歩みに寄り添って主のもとに導く牧羊犬のごとき存在でもあるのです。ですから機能的に仕事をこなすことはしても、中途半端な自分の知識や権威を誇り、虚栄心が強く人の話を聞かず、柔軟性を欠いたステレオタイプのモノの見方しかしない司祭ほど教会にとって手に負えない者もないのです。キリストと共に行動すること、他者を迎え入れること、ゆるすこと、愛することを知らない司祭、羊の匂いのしない司祭は、「交わりである教会」にとって害悪であり本当に惨めな存在なのです[20]。まして司祭が、主への熱意を忘れ俗事に現を抜かしているなら、すなわち福音を伝えることに関心をなくし、人々を豊かにする代わりに私腹を肥やし、常に自分こそが正しいのだと主張し単に自己実現を目指して行動するなら、また教会の規律の重大な違反を平気で繰り返し、公序良俗に反する行動や非倫理的な生き方によって人々を躓かせ、さらに常に批判的な態度で自分の意に沿わない人を差別し、徹底的に忌み嫌うような存在となるなら、もはや司祭は自分が司祭であることを辞めてしまっていると言えます[21]。

　このように、信仰共同体において人々に霊的・物的害悪となっていて、ただ訓戒するだけでは、もはや矯正が期待できない聖職者を、教会共同体の善益のために、その身分から追放する権能と法的措置を教会は具備しています。それを紹介することが本書の目的です。それゆ

---

　(20)　教皇フランシスコ『カーザ・サンタ・マルタでの朝ミサの説教』（2016 年 12 月 13 日）、『司祭・神学生のためのいつくしみの特別聖年の講話』（2016 年 6 月 2 日、第 3 講話）＝ Francesco PP. *Sacerdoti misericordiosi come il Padre*, LEV Città del Vaticano 2016, pp. 51-80 参照。

　(21)　教皇フランシスコ『ローマの教皇庁立大学で学ぶ司祭・神学生との謁見における訓話』（2014 年 5 月 12 日）、『司祭・神学生のためのいつくしみの特別聖年の講話』（2016 年 6 月 2 日、第 2 講話）、『司祭・神学生のためのいつくしみの特別聖年のミサ説教』（2016 年 6 月 3 日）参照。

え本書を通して読者の皆さんと分かち合い、理解を深めたいテーマとは、まさに教会の聖性の保護、なかでもその源泉となる叙階の秘跡の聖性の保護です。それは信者とその共同体の権利の保護、ひいては教会に対する信頼につながるものでもあると言えます。なぜなら教会の信者とその共同体は、多くの場合、聖職者を介して秘跡的恩恵を受け、また必要な司牧的、霊的ケアを受けることになるからです。ですから、もし聖職者がみ言葉や教会の教え、教会の権威を尊重せず、また秘跡の挙行や祈り、さらに信者や教会に集う人々への尊敬を欠き、霊的・物的な損害を与える叙階の秘跡の聖性を汚すような振る舞いをしていたならば（秘跡そのものの効果は聖職者の状況には依存しないという神学的公理があるものの）、そうした聖職者は、信者やその共同体に躓きを与え彼らの尊厳を汚し、教会に悪影響を与えることは間違いないのです。それゆえ本書のテーマは、まさに教会の健全な存在と成長のために欠くことのできない重要かつ基礎的な事柄、教会の信仰の擁護と呼べるものなのです。そして、このように聖職者が問題とされる事案において、教会が定めた法規範、対処法を正しく理解し実践していくことは、まさに人々の魂の救いに直結する重要な事柄であると言えるのです[22]。

　現代のカトリック教会を悩ます大きな問題として、数多くの聖職者による年少者に対する性犯罪[23]が挙げられます。これに対して

（22）教会内で発生した違法行為は、通常、教会法において取り扱われるが、それが国家法において犯罪行為とされている場合は、教会法による制裁とは別に国家法上の制裁も科せられる。一人の人が犯した一つの犯罪であっても、法の範疇が異なるので理解のうえで区別が必要とされる。

（23）年少者に対する性犯罪の定義は当然国によって法規範が異なるが、本書では基本的に教会法上の定義「18歳未満の未成年者に対する十戒の中の第六戒に反する［すべての］罪」（『諸秘跡の聖性の保護』第6条）に関して述べている。仮に性的な行為が、当事者がお互いに同意したうえで行われた場合であっても、

教会は、教皇ヨハネ・パウロ 2 世の自発教令『諸秘跡の聖性の保護
Sacramentorum Sanctitatis Tutela』[24] と併せて公布された教理省の
『重大な犯罪に関する規則 *Normarum de gravioribus delictis*』[25]（初版
2001 年、改訂版 2010 年）の中で明確な規定を定め対策を講じました
（第 6 条参照）。全世界でこの事件を起こした罪で聖職者の身分を剥奪
された聖職者は、これまでに千人に近い数に上ります。実際に犯罪を
犯した聖職者の数は数千人規模と言われ、そのうち既に教会から懲戒
罰を受けた聖職者は二千五百人以上、被害にあった信者の数は数万か
ら十万人を超す規模に上ると言われています[26]。ただし、実際に犯罪
が立証されたケースは全体の中の一部でしかないことも確かです。年
少者への性的虐待に代表される聖職者の不祥事において社会から批判
された顕著な点は、教会という組織の持つ次のような体質・傾向でし
た。まず犯罪を犯した聖職者は、被害者の苦しみに気づいて良心の呵
責に苦しんだり罪悪感を感じたりすることが比較的稀で、自己正当化
のごとき言い訳ばかりしてきたということ、また司教や枢機卿といっ
た教会の上位権威者たちにあっては、自分にとって汚点となる事案を

その状況がいかなるものであれ教会法上はすべて重大な犯罪行為とみなされる。

　(24)　*AAS* 102（2010）432-434.

　(25)　*AAS* 102（2010）419-431.

　(26)　2014 年のバチカンの発表では、2004 年から 2013 年までの 10 年間に、教
皇庁は年少者への性的虐待の犯罪に対する処罰として、全世界で 848 人の聖職者
の身分を剥奪し、2572 人の聖職者にこの犯罪に対する処罰として懲戒罰を科し
たとされている。アメリカ合衆国の司教協議会の報告では、1950 年から 2013 年
までに、17259 人の被害者が計 6427 人の司祭から虐待を受けたと訴えたと報告
されているが、これは実際にアメリカで起きた犯罪の数のほんのごく一部とされ
ている（ボストン・グローブ紙『スポットライト』[有澤真庭訳、2016 年、竹書房]
の「2015 年版へのあとがき」を参照）。また 2015 年の 1 年間で教理省に寄せら
れたこの種の訴えは約 500 件に及ぶ（cf. *L'Attività della Santa Sede 2011*, Città
del Vaticano 2015, p. 621）。

保身のために隠蔽したり、問題の聖職者への適切な措置を講じることもせず、また真摯に被害者と向き合うことなく、事を荒立てないよう示談交渉だけで済ませるといった無責任な態度を取り続けてきたというのが実情のようです。罪もない被害者となった信者は、結果として自分の叫びは教会には聞き入れてもらえないのだと落胆し、その心と魂がただただ絶望と苦悩に追いやられてきたのです。到底、このような恥ずべき態度でいる組織は教会と呼べるものではありません。さらに残念なことに、世界中で問題になっている聖職者による年少者への性的虐待は、聖職者による不祥事の一部であるということなのです。なぜなら、内容こそ違っても人々に躓きを与える聖職者による不祥事は他にもたくさんあるからです[27]。それゆえ、近年（2008-2009年）、教皇によって相次いで制定された重大な犯罪を犯した聖職者の処罰に関する特別な刑事規定は、聖職者の不祥事全般に関して、使徒座（教理省、聖職者省および福音宣教省）が、それらをきちんと問題として取り扱い、教会を真の教会へと浄化するための施策として定められたものであると言うことができます。それは、問題の聖職者の責任を追及し処罰することと同時に被害に遭った信者、躓きを与えられた信者の信仰の回復、魂の救いが急を要するものであることを明らかに示しているのです。本書の目的は、まさにこうした苦悩の中にあって教会が改善のために打ち出した法的な施策を皆さんと分かち合うことなのです。

　もちろん本書で紹介する諸規則は、聖職者に関するすべての困難な事案を解決するものではないとはいえ、特に裁治権者が向き合わなければならない聖職者をめぐる多くの困難な問題を扱う際には極めて有

---

(27) 教理省の『重大な犯罪に関する規則』の中には、聖職者による重大な犯罪として、年少者に対する性的虐待の事例に加えて児童ポルノの収集・所持・流布、および諸秘跡の執行に関連した犯罪が挙げられている（第6条）。

用な手段であると言えます。同時に、教会に躓きを与える聖職者に悩まされるすべての信者にとっても、魂の救いと信仰の擁護のために適切に被害を訴え、問題を解決し賠償を求めるための一助となるものだと思います。しかし、そうした諸規則がうまく機能するかどうかの決め手は、教会の権威者である司教や司祭が謙虚な姿勢で真摯に自らの羊の叫び声を聴き、速やかに誤りを正す誠実さがあるかどうかということにかかっているのです。

1.　聖なる職階と聖職者としての身分

　ここで、叙階の秘跡を通して聖なる職階（ordines sacri）を受けることと、聖職者の身分（status clericalis）においてそうした職務を遂行することとは、互いに相関的ではあっても区別される概念であることを理解しておくことが重要です。第二バチカン公会議が強調した神学的原理の一つである教会の「位階的交わり」において、聖職階位に叙された者は、教会の権限者から法的に一定の職務に任命され、教会の交わりの中で自身が受けた聖なる職階を適正に行使することのできる聖務者としての聖職者の身分を生きることになります。

　そもそも聖なる職階（聖職階位）に叙されるという表現は、存在論的性格を持つ秘跡的状態を示すものです。それは、秘跡の力によって受階者がその存在において超自然的な仕方で変容させられ、聖なる奉仕者としてキリストの位格において働く根本的な能力を与えられていることを示しています（教会法第1008条参照）。そもそも聖なる叙階（sacra ordinatio）は、洗礼や堅信と同じように、魂に消し去ることのできない霊的なしるしを刻印するものであり（教会法第1008条）、一度有効に授けられた叙階の秘跡は消滅させることも撤回することもできないのです。例えば、聖職者の身分を喪失した司祭であっても、洗

礼や聖体祭儀に関しては違法であれ秘跡としては有効に挙行することができますし、ゆるしの秘跡については死の間際にある信者に対しては有効かつ適法にこれを授けることができます（教会法 976 条参照）。一方で聖職者としての身分という表現は、義務と権利を伴う教会の法制度によって規定された、いわば法的な地位や状態を指すものと言えます。

　このように聖なる職階に叙されたことそのものは、決して消滅させられることがないものの、その一方で聖職者としての身分は、教会的交わりにおいて何らかの問題が生じた時、つまり教会が求める聖職者としての生き方にふさわしくなくなったときは喪失し得るものなのです。

　聖職者の身分の喪失は、旧教会法典においては「信徒の身分への還元（reductio ad statum laicalem）」（還俗）と表現されていましたが、現行教会法典では「聖職者の身分の喪失（amissio status clericalis）」と言い換えられ、第 290 条から 293 条において取り扱われています。

　教会法第 290 条は次のように規定しています。

　「聖なる叙階は一度有効に授けられたなら、決して無効にはならない。しかし聖職者は次のことによってその身分を失う。

　　①聖なる叙階が無効であることを宣言する裁判判決または行政決定。

　　②適法に科された追放の刑罰。

　　③使徒座の答書。この答書は、助祭に対しては重大な事由において、司祭に対しては極めて重大な事由においてのみ使徒座から与えられる」。

　さらに、1980 年の教理省の恩典による聖職者の身分喪失に関する規定、教理省に留保される『重大な犯罪に関する規則』（2010 年改訂版）の第 21 条第 2 項、福音宣教省に与えられた特別権限（2008 年）

ならびに聖職者省に与えられた特別権限（2009年）においては、教皇の承認を伴う行政手続きによる追放が規定されています。

　教会法第290条の一番目の事例、すなわち叙階の無効宣言は、教会法第1708条から1712条の規定に従って、またそのための特別法の規定に従って[28]、裁判判決または行政決定によって宣言されます。この場合、聖職者の身分は喪失するのではなく、初めからそれが存在していないことが確認されることになります。叙階の無効宣言訴訟は、聖職者本人あるいは裁治権者いずれによっても請願することができます。主な訴因としては、（1）典礼祭儀における本質的な要素（質料・形相）の欠如（教会法1009条第1項参照）、（2）受階者の恒常的な意思の欠如、（3）受階者の無能力、生物学上男性でなかったことや未受洗者であったこと／受けた洗礼が無効であったこと（教会法1024条参照）、（4）叙階の秘跡の執行者の権能の欠如あるいは秘跡執行の意思の欠如、（5）抵抗不可能な強制の下で叙階された場合などです。なお現在、叙階の無効宣言の管轄権は、唯一使徒座裁判所ローマ控訴院に留保されています。この手続きのすべての段階には、聖なる叙階の絆の保護官の介入が必要とされ、地方教会の調査に基づいてローマ控訴院が審理を行い、行政的手続きでは「未完成の認証婚解消手続き」と同じ要領で同裁判所の決定によって、司法的手続きにおいては同裁判所における二度の一致した肯定判決によって叙階の無効が宣言されます。

　二番目の事例、すなわち聖職者が重大な犯罪を犯した場合は、原則

（28）叙階の無効宣言については、さらに次の典礼秘跡省の規定がある。Congregazione per il Culto Divino e la Disciplina dei Sacramenti, *Regole procedurali per la dichiarazione di nullità dell'ordinazione* (cum Nuovo regolamento per avviare e celebrare il procedimento Amministrativo di nullità dell'ordinazione), 16 ottobre 2001, in *AAS* 94 (2002) 292-300.

として管轄裁判所の判決によって、最終的な処罰という形において贖罪的刑罰（poena expiatoria）として聖職者の身分からの追放が科せられます（教会法第 1336 条第 1 項 5 号）。これは教会の刑法と第 1720 条から 1728 条の刑事訴訟法に従って決定されます。秘跡に関する違法行為や未成年者（18 歳以下）に対する性犯罪などの特定の重大な犯罪については、教理省の使徒座最高裁判所が直接これを取り扱います（本書の参考資料 10 を参照）。

　ここで次の基本的な事柄を確認しておくことは重要でしょう。まずすべてのキリスト信者は、基本的な権利として、自分の正当な権利の擁護のため、法の規定に従って教会の所轄の法廷に訴え、公平に裁判を受けることができる（教会法 221 条参照）ということ、その一方で、教会において、誰であれ不法に行われた法律行為もしくは故意または過失によってなされた他のすべての行為によって、不当に損害を与えられた場合は、その損害の賠償を請求する権利／義務が生じる（教会法第 128 条、1729-1731 条参照）ということです。

　三番目の事例では、聖職者が何らかの特殊な事情によって、聖なる奉仕職をもはや適切に果たすことができない非常に困難な状況に陥り、自らその職から退くことを上長に願う事情が想定されています。この場合当事者は、聖職者として叙階の際に引き受けた義務からの免除を使徒座を介して教皇に請願し、肯定的な教皇からの答書（恩典）によって聖職者の義務の免除を受けると同時にその身分を喪失します。この申請は当該聖職者の入籍先の裁治権者を通じて管轄機関である聖職者省ないし福音宣教省を介して行われます。

　教会法第 291 条は、「第 290 条第 1 号の場合を除き、聖職者の身分の喪失は、独身の義務の免除を伴うものではない。この免除はローマ教皇によってのみ与えられる」と定めています。これは、聖職者の身分は喪失しても、司祭、助祭であることは取り消され得ぬことである

ため、離職に伴ってそのすべての義務から自動的には解かれないことを明言しています。そのため、上記の第二、第三の事例においては、聖職者の身分の喪失の手続きにおいて、教皇から独身の義務を含む聖職者のすべての義務からの免除を同時に請願します。

　上述の一番目の叙階無効の事例は、それ自体非常に稀であり、実務上関係する人も僅少であるため本書では扱わないことにして、その一方で決して稀ではない、時として司教や管区長、教区本部の実務者を悩ませる第二、第三の事例に関する最新の使徒座の規則を紹介し解説したいと思います。それは、いずれの事情によってであれ、聖職者としての任務を適正に果たせなくなった者への適切な教会の指導原理を理解してもらうためです。司祭が信徒に躓きを与える不正を働いている場合、あるいは自身が引き受けた司祭職をどうしても続けることができなくなったという場合、彼らに対する教会の法規範に従って適切な措置が講じられる必要があります。それは、当該聖職者の矯正のため、また教会共同体が被った躓きの修復、正義の回復のための必要な措置です。そしてそれは、まさに教会の善益と魂の救いのための手段の一つなのです。司祭の不正や離職といった問題（違法行為）が起こったとき、裁治権者が事件を隠蔽したり放置したり、あるいは聖職者や信者を誤った仕方で擁護したり断罪したりするご都合主義の対処の仕方は、問題の司祭に対しても、また被害に遭った個人に対しても信者の共同体に対しても無責任で、正義と真理、愛といつくしみを行動原理とする教会の本来的な態度ではありません。「良き牧者は羊が危険から救われるために、常に自らの手を汚す覚悟が必要とされています。それは道から迷い出た人々を探し出し、連れ戻し、共に喜ぶことであり、そのためには自分の安全を危険に晒すことも厭わない牧者

としての生き方なのです」[29]。

　これから、答書（恩典）による聖職者の身分の喪失と、刑罰としての聖職者の身分からの追放に関して、教会の規則と近年教皇が使徒座に付与した特別権限（facoltà speciali）を紹介していきます。教皇ベネディクト16世は、キリスト信者、特に聖職者の生活と使命の一貫性を説いていましたが、新しい特別権限は、この一貫性に関連するもの、つまり問題となっている聖職者の生活と教会の使命の一貫性に関連するものと言えるのです。教皇が使徒座に付与した特別権限は、教会が共同体として歩みを進めていく中に存在する二つの重要な手段の間を結ぶものとして、その存在価値を見出すことができるものです。その一つは現行教会法典の規則であり、他方はローマ教皇によって廃止ないし認可される特別規定です。この新しい特別権限は、不正行為が告発されている司祭個人の権利を保護すると同時に、教会共同体の共通善や信者の信仰を守るという教会の本質的な目的を持っています。これら二つの権利の擁護の間にある葛藤こそが、まさに新しい特別権限が持つ特徴であると言えます。そのため新しい特別権限の適用の際に採用される裁判外の行政訴訟の規則は、問題を訴えた被害者である信者にとっても、また被疑者である司祭の立場においても、決して「恣意的な判断、密室での決定」とみなされることのないように配慮されています。

　本章では、まず上記の教会法第290条第3項の事例である教皇の答書による聖職者のすべての義務の免除と身分の喪失について扱いたいと思います。というのも、第二の刑罰による聖職者の身分の喪失の事

（29）教皇フランシスコ『司祭・神学生のためのいつくしみの特別聖年の講話』（2016年6月2日、第3講話）参照。

例は、関係する規則が多く、さらに近年新たな規則が設けられたため、どうしても複雑な内容について説明することになり、そのためにはある程度の紙面を割かなければならないので、比較的単純な第三の事例の方を先に説明しておくのが望ましいと考えるからです。

2.　教皇の恩典による聖職者の義務の免除と身分の喪失

2.1　聖職者の義務を免除するための恩典

　教会は、聖職者が自ら職務を放棄する場合、状況に応じて教皇の恩典によって叙階式において引き受けた終身の義務・権利から解く（還俗を認める）という慣行を行ってきました。

　興味深いことに、ラッツィンガー枢機卿は、1988 年 2 月 19 日に教皇庁法文評議会に対して送付した書簡の中で次のように述べていました。「その生き方が、自身が引き受けた義務と一貫していない司祭に対して免除（dispensatio）を与えるということは矛盾しています。その理由は、免除とはまず好意であり、したがって非倫理的行為の見返りに好意を授けてしまうことになるからです」。同じように多くの教会法学者も、司祭が起こした問題をめぐる対応において、教会が恩典として免除を付与するという言い方に関しては、なおも疑問を感じているようです。

　しかし使徒座の省庁における一般的な考えでは、この場合の免除とは、教会共同体の善益のための措置として、聖職者がその職務に不適任であることを客観的に認め、その職を解くことで教会の聖なる職務の完全性、共同体の信仰を保護することを意味します。確かに、叙階を受けた者が聖職者として行動しないように措置することが、教会にとって善益となる場合もあり得ます。さらにこの免除は、その任に耐

えられない聖職者にとって、永遠の責め苦を受ける危険に晒されることのないように「ゆるし」を与えるものでもあるのです。さらにラッツィンガー枢機卿は、上述の書簡の中で、聖職者の身分喪失の手続きを、より迅速かつ簡便に行えるようにすべきだとも具申していたのですが、当時、同評議会はこれを教皇に提案することを見送りました[30]。

2.2　聖職者の独身の義務の歴史的背景

　カトリック教会において、既婚者が聖職者に叙せられる慣習は古来より存在しました。確かに聖ペトロをはじめ使徒たちのうちのある者は既婚者でしたし、聖パウロとその弟子の教会においても、教会の監督者は良き一家の長であることが望まれていました（1テモ3：1-7）。実際にカトリック東方典礼の諸教会や正教会においては、現在に至るまで既婚者の助祭、司祭といった聖職者が存在します。ただし東方教会の司教は、一般的に生涯独身者とされています。

　現在のラテン教会においても、叙階前に結ばれた婚姻の絆は、叙階の秘跡を無効とする障害事由とはされておらず、叙階権の行使を禁止する単純障害、不適格としてのみ規定されているという事実は注目に値します（教会法第1044条、1045条参照）。実際、ラテン教会においては、非常に限定的ではありますが既婚者であっても使徒座の特別な許可があれば、司祭叙階を受けることができます。例えば、英国国教会からカトリックに転会した元牧師は、同じくカトリックに移った元英国国教会の信者共同体（ordinariato personale：属人区）の司牧者とし

---

(30) Cf. J. I. Arrieta, *Cardinal Ratzinger's Influence on the Revision of the Canonical Penal Law*, in Origins 40（2010-2011）494-498.

て受け入れられる際、妻帯者であっても使徒座（教理省）の監督の下で叙階が許可されることがありますが、不規律な婚姻関係にある者や一度カトリックの信仰を捨てて英国国教会に移った元司祭はそれが許されません[31]。また妻帯者の司祭は、夫婦関係を避けることが求められますが、婚姻そのものは解消されません（教会法第1041条3号、および第1047条第2項第1号参照）。

　一方で歴史的に、聖職者すなわち叙階の秘跡を受けた者は誰であれ、ラテン教会においても東方教会においても新たな婚姻締結が禁じられていました。ただし聖職者の婚姻そのものは11世紀ごろまで無効であるとはみなされていなかったようです。しかし、4世紀初頭にスペインで開催されたエルビラ教会会議をはじめ多くの地方教会会議において、聖職者の婚姻が禁止され、次第に独身の義務化、婚姻を無効とする規定へと発展していきました。聖職者は結婚してはならないというだけでなく、婚姻そのものを有効に締結できないという婚姻の無効障害が普遍教会会議において明確に提示されたのは第二ラテラノ公会議（1139年）においてでした。最終的に叙階による婚姻無効障害を決定したのはトリエント公会議でした（*DS* 1809参照）。端的に言って、これはキリストの代理者として行為する聖職者とその職務の聖性を保護する目的から、ひいては教会の共通善のために望まれ、発展していった教会の伝統と言えるでしょう。

　叙階による婚姻無効障害は、1917年の教会法典では、副助祭の叙階を受けた聖職者からその対象とされていました（旧教会法第132条第1項ならびに第1072条参照）が、現行の教会法典においては、助祭、司祭、司教に適用されるものとされています。

---

　(31)　教皇ベネディクト16世、使徒憲章『アングリカノールム・チェティブス *Anglicanorum coetibus*』（2009年11月4日）VI. §§ 1, 2参照。

これまで、独身を含めた聖職者の義務の免除の付与は、助祭ならびに司祭に限られて付与されており、司教に対して与えられたことは一度もありません。このことは、東方教会において司教（主教）は常に生涯独身者とされてきた伝統とも相通じるものがあるように思われます。歴史を紐解くと、教皇ピオ7世は、フランス革命後にもたらされた社会状況の中で、フランスの宗教上の平和構築のため、1801年8月15日の恩典をもって、民法上であれ婚姻を締結した司祭たちに対して、独身の義務の免除を全面的に付与したという事例があります。この時、約二千人の司祭がこの恩典を享受したとされています。しかしながら教皇の意思により、シャルル・モーリス・ド・タレランには、1789年にオータンの司教となっていたことを理由に恩典は与えられませんでした。

　こうして、聖職者の義務の免除、なかでも独身の義務の免除を与える教皇の恩典は、通常は司教職階にある者には与えられないと考えられており、このテーマを扱う際の聖職者とは、教会法が述べているとおり、一般に司祭、助祭を対象としていると言うことができます。

2.3　聖職者の義務の免除権限

　かつて「信徒の身分への還元（還俗）」と呼ばれた聖職者の身分の喪失を最終的に決定する権限は、現在に至るまで唯一ローマ教皇に留保されています。そのため、聖職者の入籍先の教区ないし修道会や使徒的生活の会の裁治権者を通して、使徒座の管轄機関へ事案の審理を委ね、そこから教皇の承認を得る手続きが取られることになります。唯一の例外は、死に瀕した助祭が結婚を望む場合です。教会法第1079条によれば、このような状況において、裁治権者および適法に委任された司祭、小教区主任司祭等は、助祭職階にある者に対して

のみ、叙階に起因する婚姻無効障害を免除することができるとされています。また2005年8月10日付の教皇庁国務省長官の書簡をもって、死の危険にある司祭の聖職者の身分に由来する義務の免除は、教皇の委任を受けた聖職者省長官ないし次官が直に授けることができるとされていますので、そうした場合、同省に請願することになります。

　通常、教会法第290条に定められているように、聖職者が何らかの重大な問題を抱え、その職務を適切に果たすことが極めて困難となった場合、助祭に対しては重大な理由に基づき、司祭に対しては極めて重大な理由に基づいて、その身分の喪失および叙階に由来する諸義務から免除する教皇の答書が、使徒座の管轄機関を介して与えられてきました。この件に関する現在の管轄機関は聖職者省ですが、宣教地の教会については福音宣教省が、カトリック東方典礼所属の教会については東方教会省がそれぞれ管轄しています。管轄機関と手続き規則に関する複雑な歴史的変遷の詳細については、本書第2章の使徒座の担当官による解説『使徒座の答書による聖職者の身分の喪失』を参照してください。

　なお、聖職者が自ら職を辞する理由は多岐に及んでおり、一概に独身の問題に関するものとは限りません。この点に関しては、アメリカの社会学者 D. R. Hoge の統計分析 *The first five years of the priesthood*（The Liturgical Press 2002）が、ある程度参考になる情報を与えてくれます。

2.4　聖職者の義務の免除の法規範

　現在、この事案に関する手続きは、僅かな変更がなされたものの、かつてその管轄権を持っていた教理省が1980年10月14日に公布した『聖職者の独身の義務の免除についての司教ならびに総長への書簡

Lettera ai Vescovi e Superiori Generali riguardante la dispensa dal celibato sacerdotale』および付録の『本質的な規則』と『手続き規則』に従って行われています[32]。

この教理省の書簡は、その冒頭で、教皇ヨハネ・パウロ2世の1979年の聖木曜日にカトリック教会のすべての司祭に向けられた書簡[33]を引用して、まず第2バチカン公会議によって示された教え、続いて教皇パウロ6世の回勅『サチェルドターリス・チェリバートゥス』、さらに1971年のシノドスにおいて提示された教えに言及しながら、幾つかの本質的な概念を再確認して次のように述べています。

「ラテン教会における聖職者の独身制に対して、我々は大いなる敬意を抱くべきである。……聖職に就くことは、生活と奉仕における独特の完全性を要求するものであり、まさにこうした完全性こそ、いみじくも我々の聖職者としてのアイデンティティーに合致するものだと言える[34]。ラテン教会は、主キリストという模範、使徒の教え、さらには教会自身のすべての伝統を思い起こしつつ、叙階の秘跡を受ける者が皆、天の国のために［自らを］放棄することを、過去に望んでい

---

(32) Sacra Congregatio pro Doctrina Fidei, *Litterae circulares omnibus locorum Ordinariis et Moderatoribus generalibus religionum clericaliumde dispensatione a sacerdotali coelibatu (Lettera ai Vescovi e Superiori Generali riguardante la dispensa dal celibato sacerdotale)*, 14 ottobre 1980, in *AAS* 72 (1980) 1132-1135; *EV* 7/550-561; Sacra Congregatio pro Doctrina Fidei, Lettera circolare e Norme procedurali, in *EV* 7/572-586. この『本質的な規則』は、当初、使徒座官報には公表されなかったが、教理省のラテン語の内部資料 *Normae de dispensatione a sacerdotali coelibatu ad instantiam partis*（Typis Poliglottis Vaticanis, 1980）の中で開示された。

(33) Giovanni Paolo II, Novo Incipiente, *Lettera di Giovanni Paolo II ai sacerdoti in occasione del Giovedi Santo 1979*, 8 aprile 1979, in *EV* 6/900-939, 1287-1328.

(34) 同4項。

36

たし今も未来も望み続けるのである」(35)。

　それゆえ、「カトリック教会における聖職者の独身制について、これをただ単に、叙階の秘跡を受けた者に対して法律によって課される義務であるとみなす世間に流布した見方は、悪意とは言わないまでも誤解の産物であると言える。……叙階の秘跡を受けるすべてのキリスト信者は、完全な自覚と自由をもって、独身を貫くべく努めるのである。これには多年にわたる準備と深い熟考、たゆまぬ祈りを必要とする」(36) のです。

　さらに、「こうした決断は、教会が定めた法律によってのみ義務づけられるものではなく、個人の責任によっても義務づけられる。つまり、キリストと教会に対して立てた誓いを守るということが求められるのである。誓いを守るということは、司祭の内面的な成熟の義務とその結果の確認であり、同時に各自の人格の尊厳の表れであるとも言える」のです。

　教皇は、「独身の義務の免除が、今後、粗雑な行政手続きを行うことで自動的に得られるものと思われるいかなる事態も避けなければならない」と締めくくっています(37)。

　教理省はこの書簡の中で、離職した司祭、助祭に対して聖職者の身分の喪失と独身の義務を含むすべての義務の免除を特別な恩典として与える教会の実践の適用について、その原則を次のように示しました。

　「独身の義務の免除は、教会によって無差別的にすべての聖職者に認められるべき権利だとみなされるような事態は避けなければならない。……独身の義務の免除が、粗雑な行政手続きを行うことで自動的

---

(35)　同 8 項。
(36)　同 9 項。
(37)　同 9 項。

に得られると思われるような事態に陥ることは避けなければならない（第3項参照）。……あらゆる軽率さは避けられなければならない。司祭職の意義、すなわち叙階の秘跡が持つ聖性、ならびにこれによって引き受けた義務の重大さを軽視することは、必然的に深刻な損害を引き起こすばかりか嘆かわしい驚きと、多くの信者に対する躓きを引き起こすことになるだろう。それゆえ、免除の動機は、幾つもの説得力のある理由を伴った確固とした根拠をもって示されるものでなければならない。そもそも教会における訴訟とは、誠実さをもって真実に従って諸事案を取り扱うものであり、信者の善益を守ることがその真の目的であるので、謙虚さを欠いた意識をもって提出された申請は考慮されないよう注意しなければならない（第5項参照）。……こうした事案に関わるすべての裁治権者は、彼らの司祭たち全員、とりわけ重大な霊的困難に直面している者の霊的な父親の役割を負うという義務を忘れてはならない。そして、これらの者が、主イエス・キリストとその聖なる教会のために叙階された日に引き受けた一連の義務をよりたやすく、より大きな喜びをもって遂行することができるよう、堅固かつ必要不可欠な援助を行わなければならない。また、信念のゆらいだ状態にある兄弟には、霊的な安らぎと信頼を取り戻させ、悔い改めを促して最初の熱意へと立ち戻らせるために、事案に応じて、同僚、友人、親族、医師、精神科医らの協力を得ながら、主の御名の下であらゆる手段が試みられなければならない」（第6項参照）のです。

　さらにこの教理省の書簡に付随した『本質的な規則』（*Norme sostanziali*）において以下のような二種類の事案が考慮されています。

　第一の事案は、叙階の前に遡る原因に関わるもので、もともと聖職者として叙階されるべきではなかった者に当てはまるものです。『本質的な規則』の第2条は、聖職者の任務遂行を阻害することとなった叙階以前から存在する原因を考慮した規定で、「自由と責任能力、認

識力を欠いていたため、あるいはこれらを完全な仕方で持ち合わせていなかった重大な疑いがあるため、あるいは重大な身体的または倫理的な欠陥により、もともと適性を有していなかったために叙階されるべきではなかった者に対して、使徒座は聖職者の独身の義務の免除を認める」と規定しています。これは旧教会法第214条に由来する規則です。

　第二の事案は、叙階後に浮上した原因に関するもので、民法上の婚姻を行ったり、子供をもうけていたり、長期にわたって聖職者としての職務を放棄したために、取り返しのつかない状況にある聖職者を対象にしたものです。『本質的な規則』の第3条は、次のように定めています。「死の危険が差し迫っている場合を除いて、叙階後に浮上した原因に対する免除は認められない。ただし、長年にわたって聖なる叙階に由来する義務を怠っており、聖職者としての生活を取り戻す希望がまったく認められない聖職者については、これらの者が偽りのない真の悔い改めをもって免除を申請する場合、免除が認められ得る」。

　さらに『本質的な規則』の第4条は、「聖職者の独身の義務の免除を得るべく申請を行った聖職者に対しては、念のため聖なる職階の行使が禁止される。ただし、この者の名声を守ること、または共同体の善益を保護することを目的として、裁治権者が、この者による聖なる職階の行使が絶対的に必要であるとみなした場合はこの限りではない」と定めています。教会法が伴事的な懲戒罰（破門制裁、禁止制裁、聖職停止制裁）を規定した事情以外で、聖職停止制裁を科すには刑事訴訟法に従って判決を下す必要がありますが、職階の行使の停止が緊急に必要とされる場合、裁治権者は刑罰的命令を出してこれを禁止します。

2.5　聖職者の義務の免除の手続き

　聖職者の独身を含む諸々の義務からの免除を求める請願は、行政手続きによって行われます。司祭本人が裁治権者（司教／上長）に辞職を願った場合、裁治権者は改心と職務復帰を考えるよう司牧的な試みを行います。そのうえで復職が望めない場合、恩典による聖職者の義務からの免除を請願する手続きを行います。現在は、この申請のための年齢制限などの慣習、条件は廃止されているので、申請者となる当該聖職者の年齢や職務放棄からの経過年数などは問題とされません。詳細な手続きの仕方は、本書第2章の1および参考資料1、2、6を参照していただければよいので、ここではその概略を示すことにします。

　まず、本人が教皇に宛てて聖職者の義務の免除を申請する請願書を書きます。それを受け取った司教は、通常、この手続きを開始する際に調査官および公証官を任命します[38]。調査官は、申請者本人ならびに関係者からの事情聴取を行ったうえで、本人の生い立ちの記録から始まり養成課程ならびに司牧生活時の全記録、そして司教・上長からの戒告や処罰などのすべての記録を収集し、最後に自身の意見書を作成します。調査官の意見書を基に裁治権者（教区司教・管区長）は、自身の意見書を書き、その中で免除が妥当であるかどうかに触れます。それらすべての書類の写しを指定部数、使徒座（宣教地であれば福音宣教省、その他は聖職者省）へ送付します。なお全調査記録、および申請に関する資料は、公証官の認証を受ける必要があります。次に使徒座での審査を経て免除の付与が妥当と判断された場合にのみ教皇へ事案が紹介され、教皇からの答書（恩典）が与えられます[39]。なお

（38）この場合、調査官および公証官は司祭でなければならない。

（39）使徒座から出される教皇の答書による聖職者の義務からの免除は、教理省が公布した次の規則に従うが、現在この手続きは、通常、聖職者省において行わ

40

このことは裁治権者を通じて当事者に伝えられ、当事者の洗礼台帳に記録されることになります。

　聖職者の身分を喪失した者は、完全に普通の信者としての身分に戻ります。また独身の義務の免除を受けた者は、教会法上有効に婚姻を締結することもできますが、その場合は公示を控えるなど教会共同体に対して躓きを起こさぬよう密かに挙式を行う配慮が必要とされます。ただし還俗した聖職者は、聖職者としての働きはもちろん、教会の公の職務、例えば、教区事務局の責任者や教区裁判所法務官、祭壇奉仕者（臨時の聖体奉仕者）や朗読奉仕者、教会を代表するカテキスタや評議員、カトリック大学や高校における神学の教授や宗教もしくは倫理の教員を務めることはできません。

　一度、教皇からの恩典により司祭のすべての義務を解かれた者が、後年、再び司祭として働きたいと考えて資格回復を願う場合、その人物を受け入れることに好意的な裁治権者は、使徒座に必要な対応について尋ねる必要があります。最終的な復職には、まず幾つかの段階からなる司牧的な試み、修練が必要とされます。その結果を踏まえて裁治権者の判断が使徒座に報告され、使徒座での審理の結果、教会法293条に従って教皇から恩典が与えられた場合にのみ復職が認められます。これについては、本書の参考資料8を参照してください。

　これらの規則は、それが真に正しく適用された場合、教区または修道会にとっては問題を起こした聖職者の行動から発生する何らかの義務から免責されることにつながり、一方で当該聖職者にとっては教会

れる。*Litterae circulares omnibus locorum Ordinariis et Moderatoribus genera-libus religionum clericaliumde dispensatione a sacerdotali coelibatu*（Lettera ai Vescovi e Superiori Generali riguardante la dispensa dal celibato sacerdotale）, 14 ottobre 1980, in *AAS* 72（1980）1132-1135; *EV* 7/550-561; Sacra Congregatio pro Doctrina Fidei, *Lettera circolare e Norme procedurali*, in *EV* 7/572-586.

において適切な姿勢をもって信仰生活を再開させられるきっかけになると同時に良心の平穏を享受することも可能となるのです。

3. 刑罰としての聖職者の身分の喪失

3.1 教会法における犯罪と刑罰

　教会法第290条の第2の事例、すなわち刑罰による聖職者の身分の喪失の事案を扱う前に、まず教会における刑法、犯罪行為に対する制裁について知っておく必要があると思われます。

　まず教会法が定める厳密な意味での犯罪とは、「(刑罰を定めた)法律または命令に対する故意または過失による重大な有責性のある外的違反」(教会法第1321条参照)を指します。教会法の制裁を受けるのは、カトリックの信者で、16歳以上の理性の働きを有する者とされています(教会法第11条および1322条参照)[40]。教会法上の違反、犯罪行為の成立には、それが故意になされたものであること、つまり少なくともその行為を禁じている神法や教会法、教会の規則を知っていること、その法に違反する意志(犯意)を有すること、あるいは過失、すなわち怠惰や不注意によって他者や共同体に甚大な被害を与えていること(教会法第1321条、第1389条第2項参照)が必要とされます。この「外的」という言葉の意味は、他者によって確知され得るものであることを言います。ただし教会法第1330条における、「意思、学説もしくは知識の宣言またはその他の表明に基づく犯罪」の成立に関しては、その宣言または表明が必ず他者によって見聞きされ、その内容が理解さ

（40）通常、7歳未満の信者は、法律行為の無能力者とみなされ、7歳以上16歳未満の信者で理性の働きを有する者は、法律または命令に違反しても、犯罪行為そのものは成立しても刑罰の対象とはならない（教会法第11、97、1323条参照）。

れることが必須条件となります。これだけでなく、教会法第1399条
においては、「制裁・刑罰を規定する法律および命令の他に、神法ま
たは教会法の外的違反が特別重大なもので、その処罰が必要とされる
場合、および躓きの予防または是正の必要が緊急である場合に限り、
正当な刑罰によって処罰され得る」とも定められています。

　犯罪は、刑罰を規定した法律・命令の外的な違反であるため、通常、
外的法廷で刑事訴訟法に基づいて司法裁判ないし行政手続きによって
扱われますが、仮にそれが公でない場合のみ内的法廷でも扱われます。
ちなみに罪は、公でなくとも犯し得る内的なものであるので、内的法
廷において扱われます。犯罪と罪とは相関的であっても区別されるも
のであるという理解が必要です。

　教会においては、犯された犯罪に対して、制裁を規定する法あるい
は命令に定められた刑罰が科せられます。この教会の制裁や刑罰に
は大きく分けて改善のための性格をもつ懲戒罰（第1331-1335条参照）
と、贖罪的刑罰（第1336-1338条参照）の二種類があります。この他
にも厳密な意味では刑罰でない、警告や戒告と言った司牧的な措置も
あります。懲戒罰には伴事的なものが幾つも規定されていますが、贖
罪的刑罰には例外を除いてそれは存在しません。伴事的でない教会法
上の刑罰は、刑事訴訟法（第1717-1731条参照）に従って、刑事裁判
による判決（ferendae sententiae）か、裁治権者の決定よって科せら
れます。ただし懲戒罰や終身的な贖罪的刑罰といった重い刑罰は、刑
事裁判の判決によってのみ適法に科すことが可能です。なお刑事上の
訴追権は時効によって消滅します。時効は、別段の決定がなされてい
ない限り、通常の犯罪に関しては3年、教理省に留保されたより重大
な犯罪[41]に対しては20年、教会法第1394条（婚姻を試みた聖職者あ

---

(41) 本書の参考資料10を参照。

るいは修道者）、第1395条1項（内縁関係［*concubinatus*］にある聖職者、公然と第六戒の罪にとどまり躓きを与え続ける聖職者）、第1397条（殺人、暴力、誘拐、監禁など）、第1398条（堕胎）所定の犯罪に対しては5年となっています。

なお本書で扱われる事案は、刑罰を規定する法律、権利の自由行使を制限する法律、もしくは除外例を設ける法律に該当するので、「字義どおり厳密に解釈されなければならない」という教会法第18条の原則に従います。また教会法は、一般に行政行為に関しては、明示されている事柄以外の事案に拡大してはならないこと、さらに争訟、あるいは刑罰による威嚇もしくは刑事処分に関する事案、または人の権利を制限する事案については常に狭義の解釈に服すること（教会法第36条参照）を、覚えておくべきでしょう。

3.2　刑罰による聖職者の身分からの追放

本書で扱っている重大な犯罪を犯した、あるいは違法行為を行った聖職者に対して科される聖職者の身分からの追放は、教会法第1336条に定められている贖罪的終身刑に当たります。

教会法第1342条第2項は、「永久的刑罰は、（行政）決定によっては科せられることも宣告されることもできない。また刑罰を定める法律または行政命令が、決定によって適用することを禁止する刑罰も同様である」と定めています。さらに第1349条は、「刑罰が特定されていないもので、法が別に規定していない場合、裁判官は事件の重大性が是非とも要求しない限り、より重い刑罰、特に懲戒罰を科してはならない。また終身刑を科すことはできない」とも定められています。このことからもわかるように、法律がその犯罪の重さに従って聖職者の身分からの追放を科すことができると規定した事案（教会法第1364

条、1367 条、1370 条、1394 条、1395 条）に対してのみ、裁判手続きに
基づく判決によってこれを科すことができるというのが教会法の原則
です。

　ところが近年、聖職者による重大な犯罪、不正行為をめぐって、信
者と教会共同体の善をより的確かつ迅速に保護するという目的から、
問題の聖職者をその身分から追放するにあたって、これまでとは異な
る新たな規則が定められました。一つめは、教理省に留保された重大
な犯罪に対して同省が下す裁判判決あるいは行政決定による聖職者の
身分剥奪の措置、二つめは、他の使徒座の管轄機関が教皇からの承認
を得て特別権限を適用する仕方で問題の聖職者をその身分から追放す
る刑事的行政処分です。これらは地方教会の現場で通常の刑事裁判が
行えない、あるいはその実施に重大な困難が伴うといった状況に柔軟
に対処するための規則で、裁治権者の求めに対する使徒座の決定を教
皇が承認することで問題の聖職者の身分を剥奪するものです。

　上述した一つめの事例は、2001 年に教皇ヨハネ・パウロ 2 世によっ
て公布された自発教令形式による使徒的書簡『諸秘跡の聖性の保護
Sacramentorum Sanctitatis Tutela』とそれに付随した教理省に留保
される『信仰に反する犯罪およびより重大な犯罪に関する規則』に関
するものです。この教理省の規則は、2010 年に一部改訂されましたが、
その中で未成年者に対する聖職者による性犯罪や児童ポルノの収集・
所持・流布といった事案、および女性の聖職叙階を試みた事案、聖体
祭儀やゆるしの秘跡の挙行におけるより重大な違反に関して、教理省
の法廷の判決また行政決定により聖職者の身分からの追放も可能とす
る諸規則が盛り込まれました（第 21 条第 1、2 項参照）。これは、使徒
憲章『パストル・ボヌス *Pastor Bonus*』[42] の第 52 条の規定に、「教理

（42）「（教理省は）信仰に反する犯罪および、倫理に反する行いや諸秘跡の執行

省は、信仰に反する犯罪および、倫理に反した行為により、あるいは諸秘跡の執行において犯された、より重大な犯罪について審理し、必要なときはいつでも、共通法と固有法の両方に従って教会法上の制裁を宣言するか科す」と定められている従来の規定を適用したものとも言えます。教理省の法廷のこうした機能は、歴史的にみて古くからあるものなので近年の諸規則がまったく新しいタイプのものであるとは言えません。

　二つめの事例としては、近年、聖職者省および福音宣教省に教皇から与えられた特別権限の事例が挙げられます。

　教皇ヨハネ・パウロ2世は、1997年3月3日に、宣教地において通常の刑事訴訟手続きを実施することが実質的に不可能であった事案に関して、十戒の第六戒に対する聖職者による犯罪について、事態が特に重大であり解決の緊急性が求められる状況下において、職権により、聖職者の身分からの追放を行う特別権限を福音宣教省に公式に認可しました[43]。

　この特別権限は、先の教理省の規則と共に教会法第1342条第2項の規定に反して、終身刑を科す刑事的行政手続きを可能とするものでした。この福音宣教省に与えられた特別権限は、2005年4月30日に教皇ベネディクト16世により改めて承認されました[44]。この他に、教皇ヨハネ・パウロ2世は、2001年に適用可能な教会法の諸規則があるにもかかわらず、典礼秘跡省からの個別の求めに応じて自らの職

において犯された、より重大な犯罪が報告された場合、それに関して調査を行い、必要な時はいつでも、共通法と固有法の両方に従って教会法的制裁を宣言あるいは科すことを行う」(Ioannes Paulus PP. II, Constitutio *apostolica Pastor Bonus, De Romana Curia*, 28 iunii 1988, art. 52, in *AAS* 80［1988］874)。

　(43) Cf. C. Papale, *Il can. 1395 e la connessa facoltà speciale di dimissione dallo stato clericale in poenam*, in Ius missionale 2（2008）39-58.

　(44) *Ibid.*

権により刑罰として（*ex officio et in poenam*）22 人の司祭を解任しました[45]。

　さらに教皇ベネディクト 16 世は、2009 年 1 月 30 日に、聖職者省に対して、通常の聖職者の身分喪失の手続き（免除の答書を請願するか刑事裁判を実施する方法）が実施できない事案において、行政手続きを介して措置を講じるための三つの特別権限を与えました。同省は、2009 年 4 月 18 日付の書簡をもってすべての裁治権者にこのことを伝え、さらに 2010 年 3 月 17 日にその手続きの手引きを公布しました。これは、既に 1997 年に導入されていた特別権限に類する規則をより具体化し、宣教地以外の地域を管轄する聖職者省に付与したものと言えます。この聖職者省の特別権限と類似のものは、福音宣教省に対して 2008 年 12 月 19 日に付与され 2009 年 3 月 31 日付の書簡で通達されました[46]。それぞれの詳細については、本書の第 2 章の 2 および参

(45) Cf. F.P. Tamburrino, *Relazione all'adunanza "plenaria" della Congregazione per il Culto Divino e la Disciplina dei Sacramenti*, in Notitiae 37（2001）430.

(46) Congregatio pro Gentium Evangelizatione, *Special faculties for administrative procedure for the laicization of priests, deacons and members of Institutes of Consecrated Life and Societies of Apostolic Life for "missio ad gentes"*, Prot. N. 0579/09, March 31, 2009, in Canon Law Society of America, *Roman Replies and CLSA Advisory Opinions 2009*, Washington, D.C. 2009, pp. 48–52: (a) *Letter to Superiors General, Missionary Societies of Apostolic Life*（dependent on the Congregation for the Evangelization of Peoples）, Prot. N. 0579/09, March 31, 2009, in Canon Law Society of America, *Roman Replies and CLSA Advisory Opinions 2009*, Washington, D.C. 2009, pp. 48–52; (b) *Request for Dispensation from Clerical Obligations Presented by Priests and Deacons*, Prot. N. 0579/09, March 31, 2009, in Canon Law Society of America, *Roman Replies and CLSA Advisory Opinions 2009*, Washington, D.C. 2009, pp. 50–52; (c) *Dismissal "in poenam" of clerics from the clerical state. Instructions for the Ordinaries*, Prot. N. 0579/09, 31 March 2009 in V. Mosca, *Le facoltà speciali concesse alla Congregazione per l'Evangelizzazione dei Popoli e alla Congregazione per il Clero* in *I*

考資料 3-7 を参照してください。

　これらの刑罰による聖職者の身分喪失（剥奪）に関する規則は、一般的には助祭、司祭の事案に対して定められているものと考えられますが、状況次第では司教も刑罰によりその身分を喪失することがあります。実際に、教皇ベネディクト 16 世は、教皇の指令なく司教叙階を行ったことや民法上の婚姻関係を結んだうえ、他宗教の結婚の祝福式に参加したこと等を理由に、既に破門宣告を受けていたザンビア（ルサカ教区）のエマニュエル・ミリンゴ元大司教に対して、改善の兆しが見られないとして、2009 年 12 月 17 日付で職権により正式に「刑罰による聖職者の身分の剥奪」という処罰を科しています。

　それでは、これから新しい刑事的行政手続きによる聖職者の身分からの追放を可能とする、聖職者省に与えられた教皇の承認を伴う三つの特別権限の内容を紹介したいと思います。福音宣教省に与えられた特別権限についてはその後で扱います。

　最初の二つの特別権限は、明確に刑罰的性格を持つものですが、三番目の特別権限は、どちらかと言えば規律に関する性格が強いことに留意すべきです。したがってこの特別権限を適用する訴訟手続きは、最初の二つの特別権限の適用と三番目の特別権限の適用とでは異なったものとなっています。

　さらに、これらの特別権限が、教理省に付与された特別権限とは置き換えられておらず、引き続き教理省のそれが有効であることにも留意すべきです。つまり、信仰および道徳に関係した特定の犯罪に対す

---

delitti riservati alla Congregazione per la Dottrina della Fede, Vatican city, Urbaniana University Press 2014, pp. 162-168, C. Papale, *Il can. 1395 e la connessa facoltà speciale di dimissione dallo stato clericale "in poenam"*, in *Ius Missionale* 2 (2008) 39-57.

る教理省の排他的管轄権も、聖職者省や福音宣教省に付与された新し
い特別権限の影響を受けることはありません（本書の参考資料10を参照）。

　なお、教会内でなされた不正、違法行為によって被害を受けた者は
誰であれこれを教会に訴え賠償を求める権利があるのですが（教会法
第128、1400、1401、1476、1729条参照）、単に誹謗中傷の目的で嘘の
告発（誣告）をした場合、あるいはその他の方法で他人の名誉を傷つ
けた場合、それを行った者は懲戒罰を含む正当な刑罰をもって処罰さ
れ相応の償いを義務として課されるため（教会法第1390条第2、3項、
第220条も参照）、特に聖職者に関する問題を提起する場合は十分慎重
に実施することが必要です。

3.3　聖職者省に与えられた刑罰による聖職者の身分からの追放に関する特別権限

　初めに、新しい特別権限適用のための手続き上、留意すべき前提条
件を見ておきましょう。

　まず新しい三つの特別権限の適用を求める手続きに関与する者は、
必ず司祭である必要があります。これは、司祭の評判が問題とされる
案件は、すべて司祭によって扱われなければならないという教会法の
原則に基づきます。

　またこの手続きにおいては、特に第三の特別権限の適用の際には公
益保護官の介入が必須とされています。

　他の事案と同様に、訴訟の全過程には適法に任命された交証官を伴
わなければなりません。

　最初の二つの特別権限の適用をめぐって地方教会や修道会の管区か
ら提出された事案は、聖職者の身分喪失の措置に承認を与えてもらう
よう教皇に対して直接提出される必要があります。第三の特別権限の

事案は、聖職者省が明らかに直接的にこれを取り扱うことができますが、聖職者の独身の義務からの免除を直接ないし間接に与えることができるのは、常に教皇であることには変わらない（教会法第291条参照）ので、他の事案と同様にこの請願も教皇に提出されます。

　そしてこの特別権限適用の請願に関しては、2010年3月17日の聖職者省の書簡の冒頭で、以下のような基本的な条件が確認されていることに留意すべきです。「これらの手続きの指示を正しく理解するうえで、裁治権者[47]が特別権限の適用を請願するための前提条件として欠くことのできない事柄を指摘しておかなければなりません。それは諸事情により、恩典による免除（via gratiosa）あるいは刑事裁判といった通常の手段（via ordinaria）に従うことが不可能または極端に困難でなければならないということです。」

　それでは、それぞれの特別権限の具体的な中身を見ていきましょう。

3. 3a

特別権限1

「民法婚に限ったものであっても婚姻を試みた聖職者のうち、警告を与えられたにもかかわらず改めず、不規律な生活と躓きを与える振る舞いを継続する者（教会法第1394条第1項参照）、ならびに十戒の第六戒に対する重大な外的罪（教会法第1395条第1-2項参照）を犯した者に関して、独身の義務を含む聖職者としての叙階に由来する義務の免除を伴う、刑罰としての聖職者の身分からの追放の事案として、特別形式（forma specifica）での承認と決定を求めて、それらを取り扱い教皇に提示する特別権限」。

（47）教会法第134条第1項のいうところの裁治権者に該当しない、奉献生活の会ないし使徒的生活の会の上級上長は、所轄の地区裁治権者に問い合わせなければならない。

特別権限の内容と適用

　(1) 第一の特別権限に関して、実際の手続きにおける新しさは、教会法第1342条第2項の規定の例外を認めていること、すなわち裁判外の決定を与える行政手続きによる永久的な刑罰である聖職者の身分の剥奪を科すことを許可していることです。

　(2) ここで取り上げられている犯罪は、法律上きわめて明確なものです。教会法第1395条が対象とする犯罪の一部は、教理省の専権管轄事項（本書の参考資料10『教理省に留保される重大な犯罪に関する規則』を参照）であるため、事案がこれらの特別権限の管轄下にあるかどうかに留意する必要があります。

　(3) 特別権限で言及されている第一の犯罪は、司祭または助祭による婚姻の試みです。民法上の結婚は司祭であっても実質可能ですが、教会法上は正式な婚姻締結能力がないので「試みる」という表現が用いられます。この特別権限は、「同性婚」には言及していませんが、こうした形態の婚姻の試みが、果たして法文の規定する範疇に入るかどうかは正確にはわかりません。ただそうでないとしても、第二の特別権限が確実に適用されることになります。

　(4) 第二の犯罪は、婚姻契約は交わさないものの内縁関係にある聖職者に関する事例です。これは「同棲を含む安定した夫婦の如き男女の関係 *more uxorio*、内縁に関する性質」を有するものと理解されます。教会法第1395条の法文で用いられている言葉は *concubinatus* つまり内縁関係で、ここでは私通関係を表す *adulterium* とは明らかに区別されているので注意が必要です。非常に興味深いことに、使徒座の奉献生活・使徒的生活会省の判例では、内縁関係は、いずれの性別の者とも可能であると判断されています。また夫を亡くした終身助祭

または離婚した終身助祭で、他の女性と同棲ないし安定した男女の関係にある事案もこの主題の下で扱われます。

（5）「十戒の第六戒」に対するその他の罪に関しては、専門家は単に「肉欲の罪」または「色欲の罪」として言及しますが、公序良俗に反する罪として具体的には、例えば以下の事柄を挙げることができるでしょう。卑猥な言葉、セクシャルハラスメント、性的な誘惑、私通（adulterium）、姦淫、強姦、同性者間のみだらな行い、不倫、獣姦、売春、近親相姦、人工授精、徹底した避妊、未成年者に対する性犯罪等[48]。いずれにせよ教会法の用語は一般的なものであるため、本項目は教会権威者が刑罰を科すことができる広範な事例に適用できると言えます。

（6）ただし、これらの事例のすべてにおいて、教会法の条文が「その他の外的罪にとどまり、躓きを与えている」と言っていることに留意する必要があります。したがって、まず犯行が証明・確認可能であるという意味において外的であるという要素が必要になります。二番目に、必ず教会内で躓きが生じている必要があります。ここで教会法の条文は、「躓きを生じさせる危険性」に関しては述べていません。したがって証明・確認が求められるのは、一定の行為によって実際に教会内で引き起こされた躓きを生じさせている事実です。

（7）もちろん当該聖職者が悔い改め、その行為をやめる場合、その時点で時効の進行が開始します。第一の特別権限に基づくほとんどの事案に関しては、時効は3年です。とは言え、幾つかの事案について

---

(48) Cf. F. Morrisey, *The recent vatican faculties for the administrative dimissal of clerics*, in *48th Annual Convention of Canadian Canon Law Society* (28-31, October 2013), pp. 19-20. 聖職者による性犯罪が18歳以下の者に対するものである場合は、教理省の規定『諸秘跡の聖性の保護（Sacramentorum Sanctitatis Tutela)』にしたがって取り扱われる。

は、時効は 5 年とされています（教会法第 1362 条参照）。ただし事案が教理省に留保された犯罪の場合、その時効は 20 年とされています。

　（8）特別権限の適用に関して、その手続きを開始することができるのは、婚姻を試みた聖職者の入籍先の裁治権者、または聖職者の現在の居所の裁治権者のいずれかになります。教区であればその司教、あるいは教会法上裁治権者とされる男子聖職者修道会の管区長が手続きを開始することができます。

　（9）さらにこの特別権限が、聖職者が警告を受けているという点に関して明示的に言及していることにも留意すべきです。そのため手続きを開始するためには、警告の後も執拗なまでに当事者が態度を改めなかった事実を示す必要があります。

3. 3b
特別権限 2

　「とりわけ重大な法律の違反があった場合、ならびに実質的な躓きを避ける必要性と緊急性がある場合、事案に関して、所轄の裁治権者の要請に従ってそれを直接取り扱うことによって、あるいは裁治権者の決定を承認することによって、教会法第 1399 条の規定する案件として介入する特別権限。

　これは教会法第 1317 条、第 1319 条、第 1342 条第 2 項、第 1349 条の例外規定として実施できるものとする。ただし永久的な刑罰の適用に鑑み、助祭に対しては重大な事由において、司祭に対しては著しく重大な事由においてのみ適用されなければならず、常に事案のすべての記録を直接教皇に提示しながら特別形式での承認と決定を求めてこれを実施する」。

　教会法第 1399 条は、以下のように記載しています。

「本法または他の法に規定された場合のほか、神法または教会法の外的違反については、違反の特別な重大性が処罰を要求する場合、および躓きの予防または是正の必要に迫られる場合にのみ正当な刑罰によって処罰され得る」。

特別権限の内容と適用

（1）教会法第1399条をめぐってこの特別権限を適用するためには、法律に規定された訴訟手続きに従って犯罪が立証される必要があります。さらに単にそれだけでは、聖職者の身分の剥奪には値しないとされる法律の違反に関しては、特別な重大性を立証することが必須とされます。

（2）さらに、当然のことながら、過ちの重大性と躓きの危険性、ならびにこれら二つの間のつながりを示す必要があります。ただし躓きが既に発生している必要はありません。

（3）従うべき手続きは、第一の特別権限に関するものと同じです（そのため直ちに訴訟手続きを検討する必要があります）。これにより証拠の収集、抗弁の権利の保証および証拠の検討、および処罰の妥当性の判断に関して、関連する教会法の条文を参照する必要があります。

（4）さらに第二の特別権限は、時効の免除を与えていないことに留意することが重要です。当然、問題になっている行為が依然として進行中である場合、時効は進行を開始しないからです（教会法第1362条第2項参照）。

（5）この特別権限は、実際重大な違法行為を行って、なおもカトリック教会にとどまっている司祭、または他の教会のメンバーとなった司祭、または自分で自分の教会を開いた司祭いずれについても適用することができるでしょう。また同性と民法婚を行った司祭について

も同様です（内縁関係の主題において第一の特別権限が適用されない場合、この事案において取り扱われます）。さらに、悪質なマネーロンダリングや多額の賄賂などの不正な金銭のやりとり、恐喝、暴力あるいは武器や麻薬の密輸入および取り引き、教会の権威の軽視ないし無視、その他、信者や教会共同体に対して重大な物的・精神的損害を与えるもの、例えば、執拗なパワーハラスメントやモラルハラスメントを含む極端に悪質な嫌がらせ等を挙げることができます[49]。

3. 3c

特別権限 3

「5 年以上にわたって意図的かつ不正に聖務を（不在によって）放棄し続ける聖職者について、事案に関して可能な限り慎重な検証を行ったうえで、独身の義務を含む聖職者の義務の免除を伴う聖職者の身分喪失の事案として取り扱いそれを宣言するための特別権限」。

<u>特別権限の内容と適用</u>

（1）第三の特別権限は、行為それ自体が聖職者の身分からの追放を科す刑罰の対象と定められているものでないことに留意する必要があります。これは、連続して 5 年以上にわたって聖職者が自分の意思で神聖な聖職者としての任務から不正に遠ざかっていて、その状況を再考し職務に復帰することを拒み続け、また聖職者の義務の免除を求めることをも拒んでいるという状況に対処するための手段です。またこの特別権限は、証拠が不十分であったり、有責性が明白にならないた

---

(49) Cf. F. Morrisey, *The recent vatican faculties for the administrative dimissal of clerics*, in *48th Annual Convention of Canadian Canon Law Society* (28–31, October 2013), p. 21.

め告訴の可能性が低く、公判を維持することができないと考えられる
聖職者の事案に対処するものでもあります。

（2）この事案では、聖職者の職務復帰の見込みがないことが十分確
かであることに留意する必要があります。聖職者は、教会の規律と教
義に従い、また法律の規則に従って裁治権者が決定した方針に従わな
ければなりません。聖職者は、単に自分自身の都合で聖職者の職務に
就いたり、復帰したりすることはできないのです。

（3）もしかすると聖職者は本来の職務に復帰したいと考えているか
もしれません。しかし問題行動を起こした聖職者が職務に復帰し、聖
職者の職務を履行することが適切でないと判断されることがしばしば
起こります。

（4）仮に聖務者として再び受け入れられるにしても、その前に裁治
権者は以下の三つの事柄を確認しなければなりません。

・不服従が終結していること。

・躓きの危険性がないこと。

・必要であれば正義の回復（教会法第 1341 条参照）が果たされてい
　ること。

（5）もちろん、聖職者が悔い改めていても、聖職者の職務に復帰し
たくない場合は、恩典による免除を得るための通常の手続きが行われ
ます。

（6）第三の特別権限は、教会共同体に大きな混乱を生じさせる状態、
ならびに教会の規律を守ることを妨げてきた状態に裁治権者が終止符
を打つ方法を規定しています。

（7）第三の特別権限の適用において生じる実務上の問題点の一つは、
事案に関連した躓きという要素が存在することです。裁治権者は、そ
の状況を注意深く評価しなければなりません。

（8）本事案を考えるために三つの要素があります。

・自主的、意図的な職務放棄。

・不正、不法な職務放棄。

・連続5年以上の継続期間。

　司祭が一定期間職務を離れることを裁治権者に要求して、その許可が得られた場合、当然、違法に職務を放棄したことにはなりません。ただし特定の期間、職務から離れることを要求した司祭が、その期間が終了した時点でも復帰を拒否し、職務再開を命じられているにもかかわらず、頑迷にさらなる免除を要請した場合は、特別権限の適用の対象となります。

　予防的措置として特定の場所に住むことを禁じられた司祭（教会法第1722条参照）は、違法に職務から遠ざかりこれを放棄しているわけでないので、この場合、特別権限は適用されません。ただし、例えば収監されており、釈放されても聖職者の職務に戻ることが許可されず、また免除を求めることを拒絶している司祭については疑問が残ります。果たして5年後に、この特別権限は適用されるでしょうか？

　(9) 5年を超えて職務から離れていたことが違法であったことを教会法に従って実証するためには、「書面にされた記録」を提示することが最も有益です。それによって職務から勝手に離れた聖職者の更生と復職を試みた裁治権者の努力が明示されることになります。また裁治権者の出した決定書は、状況に鑑みて当該聖職者の権限が剥奪されたこと、聖職停止制裁またはその他の刑罰が適用されたことを示す資料ともなります。

3.4　教会法の刑事訴訟手続きの諸要素

　新しい特別権限を直接検討する前に、司祭または助祭の聖職者の身分の剥奪に関する通常一般の方法は、正式な刑事訴訟手続きを通して

行われなければならないということを覚えておくべきです。新しい特別権限の使用は、諸般の事情で刑事裁判の規則に従ってそれを実施することが不可能であるか、非常に困難である状況を前提条件としています。もちろん刑事裁判であっても、聖職者の身分の剥奪といった刑罰は、法律が具体的にそれを規定している事案においてのみこれを適用することができます。その他の理由に対しては、通常これを科すことはできません。

3.4.1　教会法が定める前提条件──教会法第1341条

教会における刑事訴訟は、痛みを伴う手続きの最終的な段階であると考えられるべきです。状況を解決するための事前の試みに関して、教会法第1341条の規定に留意することは重要です。

「裁治権者は、兄弟としての警告、戒告または他の司牧的配慮の手段によっても十分に躓きが償われ、正義が回復され、違反者が矯正され得ないと見通される場合にのみ、刑罰を科しまたは宣告するために、裁判手続きまたは行政手続きを進めるよう配慮しなければならない」（教会法第1341条）。

（1）この教会法の条文は大変興味深いものです。それは、刑事訴訟（公判）を維持する理由は次の三つであると述べているからです。
・共同体内における躓きの修復。
・正義の回復。
・犯行者の矯正。
（2）同様に、詳細ではないものの三つの予備的な手段も述べられています。
・兄弟愛に基づいた矯正の試み（警告）。

・戒告。

・司牧的配慮に基づく他の手段。

（3）兄弟愛に基づいた矯正は、司教とその司祭との一対一の対話を必要とします（教会法第1339条第1項参照）。それが警告としての役割を果たすこともあるでしょう。例えば、司祭が特定の人物と非常に多くの時間を過ごしていることがわかった場合でも、躓きに発展する前にその関係を絶とうとしている場合は、静かに警告するだけで十分かもしれません。

（4）一方で、問題の司祭が、自身の状況が重大であるとは考えず、公然とある人物と会っていて、その人物と会うことをなおも継続しているとします。この場合、その時点で、その人物との将来的な関係が教会法に基づく問責事項につながる恐れがある旨の正式な教会法上の注意・警告を司祭に与えることになります。そしてこれが「戒告」につながる場合があります（教会法第1339条第2項参照）。時に、誰かを叱ることなく誤りを改めさせる目的もしくはその希望をもって「注意」を行うということと、誰かを厳格に叱責する「警告・訓戒」を行うということ、またその人物を犯行に関する情報に基づいて公的に叱責する「譴責・戒告」を行うこととは区別されます。

（5）司牧的配慮のその他の方法には次の事柄が含まれます。他の指定された場所への移住、祈りと黙想の時間や償いの業を課すこと、霊的指導や精神的な支援、有益な形態の助言を受けること等。

（6）さらに、与えられた職務の遂行に対して必要な特権（privilegium）を剥奪される可能性もあります（教会法第764条、974条、1109条、1111条参照）。

（7）これらのすべては、行政決定に類する命令によって実施されます。

3.4.2　正式な刑事訴訟手続き

　教会法上の刑事訴訟には、二つの重要な種類があることに留意してください。

　一つめは、教会法第1720条に定められている裁判に依らない行政決定によって解決をはかる手続きです。この方法は、聖職者の身分からの追放が終身刑であるため、明示的に認められている事情（教理省の法廷の管轄事案）を除いて、最近まで聖職者の身分からの追放の事案に関しては、原則、適用されませんでした。

　二つめは、最も困難な事案に対して行われる正式な司法的刑事訴訟による手続きです。

Ⅰ　事前調査

　犯罪が行われたという訴えがなされた場合、裁治権者はまず事前調査を実施します（教会法第1717条およびそれ以降の条文を参照）。最初の二つの特別権限の適用に関しては、手続き規則においてこの事前調査が実際に必要とされています。

　このため、ここで事前調査に関わる教会法の幾つかの要素を精査することは、有用なことと思われます。

Ⅱ　事前調査の目的

　(1) 教会法上の刑事訴訟（裁判の判決によって解決する正式な司法的刑事訴訟もしくは行政決定によって解決する刑事的行政訴訟に関わらず）は、教会法第1717条に従って事前調査から開始しなければなりません。これには、①事実、② 状況、および③ 被疑者の有責性（犯罪の

告発の可能性）について調べる目的があります。この取り調べが法律の規定に従って慎重に実施されない場合、手続き全般の有効性が問題視される危険があります。

　（2）教会法における刑事訴訟の事前調査を開始することを検討する際、事案によっては同時に世俗の裁判所でも訴訟が実施される場合があることに留意しなければなりません。こうした場合、特定の訴訟に関して教会と関係ない世俗の訴訟手続きが完了するまで、正式な教会法上の法的措置を延期することは適切な対応であるかもしれません。なぜなら、一度に二つの異なる裁判が行われることで、かえって問題発見を妨げたり、事案を不明瞭にしたりする場合があり、また各々の裁判において証拠の取り扱いに関する規則がそれぞれに異なっているからです。一方で司教は、当面の間、問題の司祭を後で職務から解く処分、また行政命令により居所を移動をさせる処分を科す場合にこれを正当化するための何らかの措置を講じておく必要があるかもしれません。

　（3）事前調査段階の目的は、違法行為に関してある程度の確信にまで導く証拠（供述書、文書資料等）を集めることであり、被疑者が有罪であることを立証、確定したり刑罰を科したりすることではありません。これは、次の刑事裁判（司法的刑事訴訟）もしくは刑事的行政訴訟がその役割を果たします。言い換えれば、刑事訴訟を続けることを正当化するための十分な「訴えに根拠があると思わせる事実の存在（fumus iuris）」の有無を確かめることが事前調査の目的なのです。

Ⅲ　事前調査の方法

　事前調査の方法は、以下の様に時系列に沿って説明することができます。

（1）裁治権者は、少なくとも外面的に真実とされる情報を受け取ります（教会法第1717条第1項）。この新しい情報は、教区本部事務局にある記録等によって裏付けることができるかもしれません（例えば、当事者が関係した過去の出来事の記録などが証拠になるかもしれません）。

　この段階で求められている確信の程度は今日まで明確にされてはいません。「真実に関する僅かな」情報もしくは「真実と思われる」情報とは、法廷の審判において必要とされる社会通念上の確信（または、もっともなものと思われる疑いの域を越える確信）と同じ類のものではありません。事前調査は比較的型にはまったものでないという性質を考えれば、この時点で社会通念上の確信を必要とすると、教区もしくは修道会がこの事件の真相を的確に調べ、容疑者の権利を擁護することの妨げとなる恐れがあります。

　（2）裁治権者は、決定（教会法第1719条）により自らの代理となる司祭を選出し、①事実、および②状況、ならびに③容疑者の有責性（告発の可能性）に関する調査を委任します。

　裁治権者は、後から何かが修正されたり調整されなければならない際、自由裁量を可能にするため、実際の訴訟手続きから一歩下がった立場にとどまることが望ましいとされています。これが、裁治権者が自ら調査を行うより、代理人を調査の任に指名することが望ましいとされる理由です。この役割には司祭を指名することが望ましいとされます。なぜなら仮にも刑事訴訟を開始することになった場合、相手方は司祭であるに違いないからです。実際、特別権限適用の規則では、この種の行政訴訟手続きは、司祭によってのみ実行することができるとされています。同じことは、事前調査についても言えるでしょう。被疑者の有責性（告発の可能性）に関しては、被疑者の側に実際に「犯意 mens rea」があったか否かを判断する必要があり、このことが取り調べ当初から重要となります。これは、教会法上の犯罪成立の重

要な要素です。なぜなら犯行の意図なくして、正式な意味での犯罪は成立しないからです。また有責性が推定されるとしても、いかなる推定も、それとは反対の証拠により覆されることに注意が必要です。

事実に関する取り調べについては、時として被疑者の個人情報などの記録を調べることで有益な基本的情報を得ることができます。

（3）司教の代理人である調査官は、通常、後続する刑事裁判においては、裁判官の役割を果たすことができません（教会法第1717条第3項）。教区の中で裁判官の役割を果たすことができる教会法の専門家が潤沢であることは稀であることから、調査官を指名する際、司教はこのことに留意する必要があります（もちろん司教は、続く裁判手続きにおいて、自教区以外の教会法の専門家に支援を要請することができます）。

しかし刑事裁判（司法手続き）の代わりに刑事的行政手続きが行われる場合は、上述の禁止事項は存在しないため、調査段階から教会裁判所の法律の専門家に任務を委託することができます。

（4）裁治権者（または代理人）は、どのように手続きを開始するかを決定します（例えば、個人に対する尋問、電話による対話等）。どのようなアプローチが取られるにしても、プライバシーと個人の評判に関する権利保護を定める教会法第220条を遵守することが大切です。

（5）教会法第50条に従って決定を行う前に、裁治権者は、決定によりその権利が損なわれる人々の聴取を行わなければならないため、カトリック東方教会法典が規定する次のような段階を加えることが望ましいと思われます。

「こうした事案に関して何らかの決定を下す前に、東方教会の（裁治権者たる）主教（hierarcha）は、犯罪を犯したとされる被疑者と公益保護官から聴取を行うこと、さらに慎重を期すべきであると判断される場合、二名の裁判官またはその他の法律の専門家から意見を求めるように計らう」（東方教会法第1469条第3項）。

これは、後続の訴訟での正式な取り調べではなく、専門家からの意見聴取であり、参考人から事情聴取を行い事前調査事項が収集された後に実施されます（実際、特別権限の適用を求めて使徒座に事案が送られる前に、問題の聖職者との接触、または少なくともその試みが行われていることが必要とされます）。

　（6）裁治権者（またはその代理人）が被疑者を召喚することを決定した場合、適切な調整が行われ、被疑者が教会法上および民法上の支援を得ることができるよう取り計らう必要があります。その際、ある人が教会法上の弁護人の役目を果たす場合、教区の司教の認可が必要であるという教会法第1483条の規則は遵守されるべきです。ただ、刑事訴訟のこの段階では、正式な意味での弁護人の支援が考えられるというより、あくまでもアドバイザーとしての役割を果たしてくれる人の支援が考えられると言うべきでしょう。

　（7）裁治権者（もしくは代理人）がこうした状況に初めて介入する場合、被疑者である司祭に対して、直ちに彼の小教区から退くように求めることや、彼の権利を損なうであろう取り返しのつかない手段を講じるようなことは、まったく公正を欠く不適切な措置です。被疑者への慎重な配慮は、被疑者が、教会法上または民法上の支援を受けていない場合には特に重要になります。

　私たちは常に、被疑者がこの時点では一番弱い立場に置かれているという事実に留意する必要があります。しばしば、告発がどこからなされ、被疑者に何が起こったのかをどう確認すればいいのか慎重な姿勢になるというのが普通でしょう。

　（8）事情聴取を受ける人々の供述は、宣誓の下で行われ、言葉どおりに記録され署名される必要があります。そのため、これは後に正式な刑事裁判が行われる場合に正式な証拠として採用することができます。ただし、時々事情聴取を受けた参考人が、刑事裁判に入ってから

教会裁判所に出頭することや回答を提出することを拒否する場合があります。また前述したとおり、この事案に関して交証官として任務を果たすのは常に司祭であるべきです（教会法第 483 条第 2 項）。証人の聴取は、どこでも行うことができます。その理由は、これがこの時点では正式な刑事裁判ではないからです。また私たちは、刑事訴訟においては被疑者に対して宣誓や自白を強制することはできないということを覚えておく必要があります（教会法第 1728 条第 2 項参照）。

　（9）十分な情報が集まったら、それが教理省が管轄する事案である場合は特に、裁治権者（または代理人）は、事前調査から状況の概要を把握するために、教区または修道会の諮問機関（審議委員会、諮問委員会といったような名称で知られている機関）に事案の評価を委託することができます。1917 年の教会法典の第 1942 条第 2 項の原則に基づいて、こうした諮問委員会が、不服を申し立てている人物の評判を考慮することもあり得ます。また匿名の手紙は、通常、取り扱いの対象とはされませんが、何らかの兆候が示されている場合はこの限りではありません。またそれが適切と判断された場合、風評、噂に基づいて委員会が行動することもあり得ます。

　取得したすべての情報を諮問委員会で共有すること、さらに事実に関して、単に調査に当たった代理人の意見のみに頼らないことが大切でしょう。その理由は、無意識のうちに被疑者に対する先入観というものが少なかれ誰にでも存在するからです。

　（10）訴えとそれに関する諸要素を審査した後、上記の諮問機関は、取得した情報について信頼に足る根拠がないと判断した場合、事案の取り下げを提言します。あるいは、告発には何かしら信憑性が認められるであろうと考えられ、それゆえ教会法上の訴訟手続きまたは司法審査に付すように勧告することもあります。特に、取り調べのこの時点で、当該委員会の役割はあくまでも諮問にあること、また裁治権者

は、その勧告に法的に何ら拘束されないことに留意する必要があります。また司教は、いったん手続きが終了した後で、関係当事者たちにどのような措置を講じたらいいか、再びこの委員会に意見を求めることもできるでしょう。

(11) 同じ人物が、複数の教区または奉献生活の会ないし使徒的生活の会の諮問委員会のメンバーに任用されることを妨げる規則はありません。しかし、このような委員の一人あるいは複数のメンバーが、果たして常に適確に事前調査を実施し司教に報告・助言できるか否かは明確ではありません。こうした疑義を避けるために、事案ごとに一人の司祭が調査を指揮することが望まれます（上記(2)参照）。もし諮問委員会の中にこうした調査を指揮する司祭がいれば、委員会とよりよい協働ができるでしょう。

(12) 諮問機関が会合を行う場合、公益保護官が審議に参加していることが望まれます。そうすることで、裁治権者が手続きを先に進める決定を下すのに、何を行うべきかについて公益保護官はより良い判断を下すことができるでしょう。

(13) 事前調査により的確な情報を収集したら、裁治権者は、少なくとも扱っている事案が使徒座に留保された犯罪に類するものだと考えられた場合は、教理省にその情報を送ります。

そのような事案において裁治権者は、次の段階をどのように進めるべきかを決定するうえで教理省を支援するためにも、自身の意見書または勧告文を用意する必要があります。

しかし、新しい特別権限の対象となる事案においては、事前に使徒座に何らかの通知を行うことは求められていません。

(14) もし教会法の規定する時効により、訴訟を進めるための権利が失効していると判断された場合、さらにそれが教理省に留保された事案であったときは、もし裁治権者が訴訟を継続したいと考えるなら、

教会法第 1362 条、1363 条の規則からの免除を求めることになります。しかしながら新しい特別権限では、時効の免除の可能性は含まれていません。

　（15）（他の刑事訴訟と同様に）教理省に事案を報告する前に、教会の権威者は、告発について被疑者に通知し、重大な反対事由がない限り彼が抗弁できる機会を与えます。このことは、事前調査の重要性を高めるためにも、また抗弁権を擁護する必要性からも要求されることだと考えられます。司教は、機密保持の必要性に配慮しながら、可能な限り多くの情報を被疑者と共有する必要があります。

　（16）いったん事前調査が始まると、裁治権者または調査の責任者は、調査の間、被疑者に対して教会法第 1722 条を適用することができます。その際、被疑者に抗弁権を与え、公益保護官の意見聴取が行われることが適切です（教会法典が、手続きの最初の段階で、被疑者に関して強制的な介在を求めていないことに留意すべきでしょう。これは、被疑者が実際に既に聴取されたか否かに依存しますが、被疑者への聴取なしに、当該措置を課すことはもちろん適切ではありません）。

　（17）裁治権者が、教会法上の刑事裁判を進めると決定した場合、その事案が教理省に保留された犯罪ではなければ、裁治権者は、訴訟の審議と刑罰を決定する段階へ移行させるため事案を自己の教区裁判所に送付することを指示する第二の決定を出します（教会法第 1719 条）。この決定は、以下のとおり多くの重要な事柄に基づいて下されている必要があります。

- ・教会法上の犯罪が実際に行われたと思われるか否か（ただし罪深い行いのすべてが教会法上の犯罪に該当するわけではないことに注意）。
- ・時効の期限が既に経過したか否か（あるいは教理省に留保された事案において、時効の免除が与えられているか否か）。

・被疑者の悪意もしくは過失が原因とされる行為から被疑者に有責性があると思われるか否か。

・刑罰を宣言する、あるいは科すための手続きを開始させることが、教会法第1341条の規定に照らして得策と思われるか否か。

・裁判外の決定が出される可能性があるか、あるいはその事案は正式な裁判が必要とされるものであるか否か。

（18）決定書には証拠が十分であるかについて、また裁治権者がその証拠に基づいて裁判の必要性について社会通念上の確信に至ったかどうかについて、刑事訴訟の審議と刑罰を決定する段階が教会法第1718条第1項に示されたリストの問いに回答を与えながら実施されているかどうかについて、裁治権者が到達した結論が必ず述べられていなければなりません。裁治権者は、決定を出す前に二名の裁判官または他の法律の専門家に相談することができます。彼らは、特別な裁判外の行政手続きにおける補佐官の役割を果たす者と同一人物であってもかまいません。

（19）次に公益保護官は、訴訟を開始するための訴状（libellus）を作成するよう要請されます。適切な質問がなされたかを確かめることは、訴えの根拠を特定する際に重要です。訴状の中で、教会法上の犯罪が存在すると推定されること、有責性が問われること、その結果科せられるであろう刑罰について（法律上の根拠が）言及されている必要があります。

　法律は、公益保護官が手続きを進めたいとは思っていない訴訟、または公益保護官が十分な証拠があると判断しない訴訟については規定していません。そうした場合、公益保護官は、他の者との交代を求めることもできますし、訴訟を開始してその過程で裁判を終局判決へと進めるべきかどうか自己の判断を後から示すことも可能です。

（20）裁治権者は、被疑者である司祭が、仮に犯罪を犯したとはい

え、彼が治療を受けることを必要とする深刻な精神的な問題に苦しんでいるか、または少なくとも徹底的な精神鑑定を必要とするかを判断することができます。

（21）さらに私たちは、単なる愚かな行動もしくは軽率な振る舞いと正式な教会法上の犯罪との間には大きな違いがあることに留意する必要があります。

3.5　訴訟手続き

3.5.1　教会法第1720条が適用される一般的な手続き

第一の特別権限と第二の特別権限を適用して聖職者の身分からの追放の刑罰を科すための手続きは、裁判外の決定書の発行によって結審する刑事的行政手続きとなります。

この決定は、裁治権者自身によって、もしくは聖職者省によって発行される可能性があります（前者の場合、裁治権者は検討のために決定書を使徒座に送付します）。

教会法第1720条が適用される場合、以下の四つの要素に留意する必要があります。

・証拠の収集と評価。
・犯罪が教会法上の犯罪であるということの社会通念上の確信。
・被疑者の有責性。
・問題とされる犯罪に対する身分剥奪の刑罰の妥当性。

このような訴訟においては、教会法第1717条から第1719条において大要が述べられている手続きを適切に用いることが考えられます（上記の事前調査の項目を参照）。

この手続きでは、特に以下の三つの手段が必要とされます。

Ⅰ　被疑者に関する通知

（1）被疑者は、必ず告発理由および提示された証拠について知らされたうえで、抗弁を行う権利が与えられていなければなりません。

（2）また被疑者は、正式に任命されたか、少なくとも裁治権者から暗黙の承認を得た弁護人による教会法上の代理人を立てる権利を有しています（教会法第1483条参照）。彼がその弁護人を置くことを拒否したとしても訴訟を進めることができます。

（3）被疑者が正当かつ適法に召喚されたにもかかわらず、協力や出頭を拒むか、あるいはそれに応じない場合、決定により被疑者の不出頭が宣告されます（教会法第1592条第1項）。しかしこの過程で、訴訟手続きに後から遅れて出頭する被疑者の権利は依然として損なわれることなく、さらに彼に対しては、正式な訴訟行為に関する通知が引き続き行われ、再び抗弁を提出する機会も与えられています。

Ⅱ　補佐官の役割

（1）すべての証拠が収集されたら、その精査のために、それらは訴訟手続きの初めに決定によって正式に任命された2名の司祭である補佐官へ送られます。

（2）事案の重大性に鑑みて、彼らは教会法の専門家であることが最適と考えられますが、このことは法律には規定されていません。

（3）補佐官は、慎重で賢明な人物であるべきで、また彼らの公平さは尊重されるべきです。

（4）彼らには、徹底的に証拠を調べ一定の結論に達するための十分な時間が与えられなければなりません。彼らは署名を付した書面により自分の意見を提出します。

（5）続いて、彼らは裁治権者と面会して問題について協議し、協議

の内容とその結果に関しての記録（議事録）を作成します。議事録は、裁治権者と補佐官によって署名されなければなりません。

（6）裁治権者は補佐官の意見に縛られることはありません。補佐官は、最終決定には署名しません。

Ⅲ　決定

（1）犯罪が証明され、これが被疑者の責任に帰されるものであり、かつ時効が成立していないことを確かめることができたら、裁治権者は、教会法第 1344 条から第 1350 条の規定に従って自身の決定書を出します。

（2）すべての決定と同じく、当該事案に対する決定は、その決定に至った理由に関して、少なくとも要約の形で法律上および事実上の根拠が示されていなければなりません（教会法第 50 条参照）。事案の検討のために決定書が使徒座に提出された時、その動機が多ければ多いほど、動機が確かなものであればあるほど、決定はより強固なものと認められます。

（3）訴訟記録は、裁治権者の意見書と特別権限適用のための請願書（petitio）と共に、使徒座に提出されます。

3.5.2　各特別権限を適用するための手続き規則

Ⅰ　第一および第二の特別権限の適用

訴訟記録には以下の文書が含まれている必要があります。これらは、遵守すべき訴訟手続きの各段階と対応しています。

（1）当該聖職者の履歴書（curriculum vitae）。

（2）洗礼、堅信、奉仕者への任命、叙階に関する証明書。

（3）叙階に先立つ評価票（scrutinium）の写し、信仰宣言、彼の養

成に関する他の文書（神学校の報告書、学業成績証明書など）。

　(4) 当該聖職者が既に民法上結婚している場合は、民法婚を証明する文書の写し。

　(5) 正式な裁判を実施することが不可能であること、もしくは極めて困難であることを示す文書。

　(6) これまで教会法典が定めた条項が適用されたことを示す書類（聖職停止制裁、権限の剥奪等）。

　(7) 聖職者に不服従を止めさせるために裁治権者によって行われた司牧的試みの記録。

　(8) 事前調査および訴訟手続き開始に関する裁治権者の決定書、被疑者に対して提起された告発に関する明確な記述。

　(9) 二名の補佐官、調査官、場合により公益保護官、交証官の任命書。

　(10) 訴訟手続きの関連文書。

・聖職者の審問書、または彼に対して示された証拠と提起された訴訟について彼が認識していることを示す彼の陳述書、および彼がその態度を改める意思がないこと、および免除を求める意思がないことを示す陳述書。

・彼の所在を突き止めることが不可能であった場合、彼と接触することを試みたことを示す文書、もしくは彼が召喚の受け取りを拒否したこと示す文書（送達記録など）。

・証人（可能なら三名程度）の宣誓書と尋問調書、彼らの召喚状と通知書の写し。

・専門家の陳述書あるいはその他の訴訟に関連する文書（診断書や鑑定書など）。

　(11) 調査完了文書。

　(12) 調査官の個人の意見書。

（13）調査官がすべての訴訟記録を裁治権者に送付したことを示す文書。

（14）補佐官との会合の招集、補佐官の召喚のために出された裁治権者の決定書。

（15）証拠の検討のための会合の議事録。その中で、個々の起訴条項（罪状）についての協議内容と評価が詳述されていること、ならびに発生した事件について二人の補佐官がそれぞれの意見を示していることが必要です。

（16）裁治権者個人の意見書。この中で、各起訴条項に対して適用される法律および事実に関して詳述されていなければなりません。

（17）第一の特別権限または第二の特別権限に基づく事案として使徒座に承認を求める聖職者の入籍先の裁治権者の請願書（petitio）。

II　第三の特別権限の適用

（1）特別権限の適用を求める裁治権者は、当該聖職者の入籍先の裁治権者です。彼は、当該司祭が職務に復帰しないことについての社会通念上の確信を得ていなければなりません。

（2）この事案の調査官は、必ずしも当該司祭の入籍先の教区または奉献生活の会ないし使徒的生活の会の司祭である必要はなく、他の適切な司祭にその任務を委ねることができます。

（3）公益を保護するために、公益保護官が必ず訴訟に関与する必要があります。

（4）訴訟行為の通知は、郵便またはその他の確実な手段によって行われるようにします。

（5）調査官は、客観的事実に基づいて、事案の概要書と自身の意見書を作成します。

（6）公益保護官および裁治権者は、それぞれ自らの意見書を提示し

ます。

　この他に第三の特別権限適用のために必要な文書は次のとおりです。

　(7)　聖職者の履歴書（curriculum vitae）。

　(8)　洗礼、堅信、奉仕者への任命および叙階に関する証明書。

　(9)　叙階に先立つ評価票の写し、信仰宣言、養成の記録、学業成績証明書。

　(10)　当該聖職者が既に民法上結婚している場合、民法婚を証明する文書の写し。

　(11)　当該司祭が職務に戻るように裁治権者が行った試みについて述べた文書、および既に刑事罰が科されたことを示す文書。

　(12)　正式な裁判の実施が不可能であること、あるいはそれが極めて困難であることを示す文書。

3.6　特記事項

　(1)　私たちは次のことに留意する必要があります。それは、ここで扱われているのは、特別な権限に関するものであって不変的な法律の規則ではないということです。したがって特定の事案を容認するか否かを決定するのは、あくまでも使徒座（聖職者省）の裁量によります。裁治権者は、事案を使徒座へ提出する権利は持っていますが、常に肯定的な回答を得る権利は持ちません。

　(2)　聖職者省は、各事案において従うべき厳密な手続き規則を確立しました。これらの規則の目的の一つは、聖職者の権利が可能な限り確実に守られるよう配慮することにあります。したがって、特別権限の適用を求めて訴訟を提起した場合の単純な近道は存在しません。

　(3)　なお訴訟記録は複製三部を使徒座に送付しなければなりません。

　訴訟記録は、(例えば、三つのリングバインダー、またはエコプレスバインダー等で) 秩序立てて整理し一つに製本され、ページ番号を付け、各ページごとに交証官によって認証が与えられている必要があります。また各訴訟記録ごとに番号を振り、目次を付けます。判読不能な手書きの文書は送付用の記録として認められませんが、もしそのような文書が訴訟記録として必要な場合は、タイプし直したものを添付します。

4.　福音宣教省に与えられた特別権限とその適用のための規則

　聖職者省に与えられた刑事的な聖職者の身分喪失に関する三つの特別権限、ならびに答書 (恩典) による聖職者の義務の免除を取り扱う権限は、既に述べたように宣教地においては福音宣教省が持っています。

　現在、全世界の教会領域のほぼ 40 ％にあたる、合計 1100 の教会区域 (circoscrizioni ecclesiastiche) が福音宣教省の管轄下にあります。これらの区域は、宣教地 (territori di missione) と定義づけられ、とりわけ現行教会法典の発布以前は、さまざまな問題を扱う際に、他の通常の教会地域において施行されていた一般法 (ius commune) とほぼ並行する形で、宣教地法 (diritto missionario) という法律が一般法と同等に効力を有していました。今なお、これらの地域では、適切な司法に関する機能、その能力や手段、言い換えれば司法を専門とする人材ならびに具体的な司法権の行使を目的とした教会の組織が不足しています (教会法第 786 条参照)。

　こうした地域において、聖職者の倫理的規律に乱れが生じた際、これを矯正しようとする場合、刑事裁判を行うことがほぼ不可能であるがゆえに、1983 年の教会法典が発布された後も、行政的手続きがとられる必要性が多々あったにもかかわらず、事実上その適用は不可

能でした。なぜなら、現行教会法の第 1342 条第 2 項の規定によって、行政的な手続きでは、永久的な刑罰すなわち聖職者の身分からの追放を科すことも宣言することも不可能であり、また決定的な宣言を伴った命令を発して、それを科すことさえできないからです。

こうした問題をめぐって、1997 年 3 月 3 日に教皇ヨハネ・パウロ 2 世は、福音宣教省の管轄下にある教会区域に入籍している聖職者のうち、教会法第 1395 条が規定する十戒の第六戒に反する重大な罪の責任を問われた者について、聖職者の独身の義務を含む聖なる叙階から生じるすべての義務の免除を伴った聖職者の身分からの追放を認めるために、これを直接的に取り扱う特別な権限を福音宣教省に対して認めました。

この特別権限は、2005 年 4 月 30 日付で教皇ベネディクト 16 世によって承認されました。さらに教皇は、2008 年 12 月 19 日に、この福音宣教省の特別権限を更新し、例外的で特別な行政手続きにおける特別権限の適用可能性を広げることを認め、同省はこれを翌 2009 年 3 月 31 日付の三つの書簡からなる文書（Prot. N. 0579/09）[50] をもって各裁治権者に通達しました。

4. 1　特別権限とその適用範囲

福音宣教省の権限に関する 2009 年の三つの書簡（Prot. N. 0579/09）のうちの一つめの冒頭では、こうした権限が認められることの理由として、宣教地における聖職者による倫理的分野の不祥事や上長に対す

（50）*Special faculties for administrative procedure for the laicization of priests, deacons and members of Institutes of Consecrated Life and Societies of Apostolic Life for "missio ad gentes"* in *Roman Replies & CLSA Advisory Opinions* 2009（Washington, D.C. 2009）48–55.

る明らかな不服従、教会財産の劣悪な管理状況等をはじめとする「不規律な聖職者によって引き起こされた損害を修復すること」が挙げられています。

それゆえ、考慮の対象とされる状況は多岐にわたりますが、2008年12月19日に教皇ベネディクト16世によって明確に認可と承認が与えられた同省の権限は、「使徒座の他の省庁の通常の管轄権を侵害しない」としています。

福音宣教省に与えられた特別な権限は、一つめの書簡に示されている四つです。初めの三つに関しては、はっきりと「特別権限」であると記されていますが、第四番目の権限は、それが教会法第1317条、第1342条第2項、第1349条の「例外規定」であると述べられています。

第一の特別権限（聖職者省の特別権限1に相当）

教皇ベネディクト16世は、教皇ヨハネ・パウロ2世が1997年に福音宣教省に認めた権限を拡大し、教会法第1395条第1、第2項が規定する犯罪（内縁関係、深刻な倫理的な逸脱等）を犯した聖職者の事例として、直接教皇に決定を委ねることができるとしました。

書簡は、この権限がどのように拡張されたかを示しています。この権限は、かつては教会裁判所を持たない福音宣教省の管轄下にある地域に対してのみ認められていたものですが、今後はすべての宣教地に適用範囲が拡大され、また同じの条件の下にある以下の者に対しても、この権限が認められることとなりました。

- 福音宣教省管轄の宣教のための使徒的生活の会の会員（『パストル・ボヌス *Pastor Bonus*』第90条第2項）

- 聖座法ならびに教区法の奉献生活・使徒的生活の会の会員で、福音宣教省管轄下の地域で活動する者。ただし、これは管轄権を有するそれぞれの会の上級上長が、福音宣教省の判断に従った地区

裁治権者の催促にもかかわらず、自らの会の会員の不祥事をやめ
させるべく、この者の誤った振る舞いに対して処罰を与える適切
な措置を行わない場合に限ります。
・婚姻を試みた聖職者で、警告を受けても改心せず、不規律かつ躓
きを与える生活を継続する者（教会法第1394条第1項参照）。
・倫理的分野において不祥事を起こした有責性のある助祭のうち、
自らの裁治権者によって司祭叙階に進ませるのに不適切と認めら
れた者で、かつ助祭叙階から生じる聖職者の義務の免除を申請し
ようとしない者。

第二の特別権限（聖職者省が扱う恩典による聖職者の義務の免除手続
きに相当）

　さらに教皇は、福音宣教省に対して、宣教地の聖職者ならびに福音
宣教省の管轄下にある諸国民への宣教（missio ad gentes）のための使
徒的生活の会に所属する者、宣教地に本部がある教区法の奉献生活の
会に所属する者から申請された聖職者の義務の免除について、現行法
に則った手続きによって審査を行い、教皇に対して直接決定を委ねる
特別権限を認めました。

　この第二の特別権限は、独身の義務ならびにその他の聖職者の義務
の免除に関するもので、これについて使徒座の答書を通して実施され
る教会法第290条第3項が規定する聖職者の身分の喪失を取り扱うも
のです。

　こうした聖職者の義務の免除のための審査を行い教皇に提示する通
常権は、1980年までは教理省に、1989年からは典礼秘跡省に与えら
れていました。2005年から現在に至るまで聖職者省がその管轄権を
持ちますが、宣教地の聖職者、および宣教を旨とする使徒的生活の会
および宣教地に本部を置く教区法の奉献生活の会の聖職者に対しては、

福音宣教省もその管轄権を持つことになります。

第三の特別権限（聖職者省の特別権限2に相当）

　教皇は、福音宣教省に対して、教会法第1399条の規定に従って聖職者の身分喪失の事案として介入する特別権限を認めました。これは、深刻な法律の違反があり、対外的な躓きを避ける緊急の必要性が生じた場合、権限を有する裁治権者の求めに応じて、裁治権者が直接取り扱うか、裁治権者の決定を使徒座が承認することによって行われます。

　この特別権限も書簡の冒頭部分で想定されているのと同じ観点に基づくの聖職の身分喪失に関するものなのですが、考慮の対象とされる犯罪は非常に多岐にわたるものであることがわかります。

　実質的には、教会法第1394条および第1395条において示されるすべての事例のうち、真に重大であるとみなされるものが主な対象となるでしょう。ただ教会法第1399条の規定は、非常に広範な事例を扱う刑罰規定であり、司牧的措置および通常の裁判手続きによってもはや解決され得ない、いかなる状況に関しても応用可能な手段であると言えます。福音宣教省は直接、または裁治権者の要請に応じて介入することができます。ここで言われている裁治権者という一般的な用語は、教区司教のみならず、教区と同等とみなされる地区ならびに属人区、奉献生活の会の上級上長を含む宣教地域の裁治権者全般を指します。

第四の特別権限・例外規定

　助祭に対しては重大な事由により、司祭に対しては著しく重大な事由によって科される永久的な刑罰の適用に関して、教皇は、教会法第1317条、第1342条第2項、第1349条に対する例外を認めました。しかしいずれにしても、これらの事例は、特別形式での承認と決定を

求めて教皇に事案が提示されなければなりません。

　この例外規定により、先に示した第一の特別権限、第三の特別権限が適用される際、行政手続きによって、刑罰としての聖職者の身分喪失への適用が可能とされるのです。

4. 2　特別権限の適用に際して実施すべき手続き

　先に示した書簡のうち特別権限の適用に関する第二、第三の書簡は、ごく手短に実施すべき手続きについても説明しています。表題は、第一、第三の特別権限については『刑罰による聖職者の身分からの追放に関する裁治権者のための指示書』[51]、第二の特別権限については『司祭・助祭から提出される聖職者の義務の免除申請について』[52]となっています。以下に、これらの主要な特徴について説明します。

4. 2. 1　第一、第三の特別権限適用のための手続き

　まず『刑罰による聖職者の身分からの追放に関する裁治権者のための指示書』の冒頭に、裁治権者が具体的事例に取り組み、審理に必要

　（51）*Dismissal "in poenam" of clerics from the clerical state. Instructions for the Ordinaries*; V. Mosca, *Le facoltà speciali concesse alla Congregazione per l'Evangelizzazione dei Popoli e alla Congregazione per il Clero* in *I delitti riservati alla Congregazione per la Dottrina della Fede*, Vatican city, Urbaniana University Press 2014, pp. 162-168; C. Papale, *Il can. 1395 e la connessa facoltà speciale di dimissione dallo stato clericale "in poenam"*, in *Ius Missionale* 2（2008）39-57.

　（52）*Request for Dispensation from Clerical Obligations Presented by Priests and Deacons* in *Roman Replies & CLSA Advisory Opinions 2009*（Washington, D.C. 2009）50-52.

とされる書類を揃えるのを支援するための指示が書かれてあります。

　「教会において、教会法が定める制裁を科すことは、苦悩を伴う出来事です。刑罰は、教会に対して霊的な損害を負わせ、信者たちの間に躓きを引き起こしかねない神法または教会法に対する明白な違反があった場合にのみ科されるものです。ある聖職者が法律に違反し、この者の恥ずべき行いが裁治権者の知るところとなった場合、裁治権者は、勇気と決断力、父としての配慮をもって、躓きを起こし法に反する聖職者を矯正するのに必要なあらゆる司牧的手段を利用して、この者の改心を促さなければなりません。こうした裁治権者の試みによっても、その効果が得られなかった場合、すなわち犯罪を犯した者が改心せず、また犯罪によって引き起こされた躓きを修復することができず、さらにこの者が引き起こした霊的損害への償いが果たされなかった場合、裁治権者は、教会法が規定する刑罰を適用すべく、教会法の規定に厳格に従い、段階を追って手続きを進めていくことができるのです。事案を解決すべく、裁治権者が行ったすべての取り組み、ならびに罪を問われた聖職者の回答や反応は、詳細に記録されなければなりません」。

　続いて、これらの特別権限の特徴が説明されています。

　「宣教地特有の状況および必要に応じるべく、これらの特別権限は、当該地域に教会裁判所があるかないかにかかわらず、すべての宣教地域において適用が可能です。同様に、福音宣教省の管轄下で諸国民への宣教の任務（missio ad gentes）にあたる聖座法の使徒的生活の会、ならびにある一定の状況においては、宣教地で活動する聖座法の奉献生活の会および使徒的生活の会に対しても適用されます」。

　それゆえ裁治権者は、すべての有益な情報が盛り込まれた完全な資料を福音宣教省に提出する責務を負い、それに際して最大限の透明性を保証すると共に、手続き規定を遵守しないことによって、または提

出された資料が不完全であることによって生じる手続きの遅延を避けるよう努めなければなりません。

　この手続きに関して、提出すべき資料一式の中には以下（（1）-（6））の情報および文書が含まれていなければなりません。

　（1）当該聖職者の履歴書（curriculum vitae）。個人の基本的な情報に加えて、養成期間、助祭・司祭としての任務に関する有益な情報、養成期間の各段階における評価票があればこれも添えること。この他、助祭および司祭の叙階証明書の写し、聖なる職務の停止ならびに他の教会法に則った刑罰が既に科されている場合はこれらの決定書の写しを提出する。重大な過失または犯罪を犯したことにより有罪とみなされる聖職者が、自らの裁治権者から警告や訓戒を受けたにもかかわらず、改心する意図をまったく持たない場合は、申請を行う前にすべての叙階権および統治権の行使を一時的に停止する必要があり（教会法第1333条参照）、場合によっては、一定の場所での居住等の教会法に則った処罰が科されなければなりません（教会法第1336条第1項第1号参照）。

　（2）刑罰による聖職者の身分の追放を求める当該聖職者の教区司教または総長による教皇に宛てられた請願書。裁治権者は、この者の不服従についての具体的な告発、および関連する証拠資料、当該聖職者の回答や反応がある場合はこれに関しても詳細な報告書を添えます。

- ・教区の聖職者である場合、教区司教顧問会において事案が評価される必要があり、顧問会の意見書が書類一式の中に含まれていなければなりません。
- ・福音宣教省管轄下の奉献生活・使徒的生活の会に所属する聖職者については、総長が招集する会議の同意を得たうえで手続きを開始しなければなりません。
- ・教区法の修道会の場合、上長は、当該聖職者の聖職者の身分剥奪

の申請を教皇に提出する権限を有する教区司教の文書による同意を事前に得たうえで手続きを開始するものとします。

聖職者の身分剥奪の申請には、当該聖職者の違法行為または犯罪について詳述する文書、被疑者を更生させるべく実施された司牧的措置、そして司牧的手段と裁治権者による警告によっても、この者が改心しようとしなかった事実を述べた報告書が含まれていなければなりません。さらに、告発された聖職者が、有責性のある不正行為を継続していることで信者の間に引き起こされた躓きについて、またその状況を回復し損害を償う必要性および緊急性についても記述する必要があります。

さらに、現時点で当該聖職者が居住する地区の司教の意見書も同封する必要があります。

（3）また当該聖職者と、この者の不服従ならびに現在の状況を知る、一定数の信頼のおける証人による証言を同封するものとします。

（4）告発された聖職者が、自己弁護する権利は不可侵です。そのため当該聖職者が、すべての告発の内容ならびに収集された証拠について知らされていることが、訴訟記録に明確に示されていなければなりません。被疑者である聖職者が調査に協力しない場合も、文書の完全性を保証する必要上、その事実が記載されていなければなりません。

（5）資料を作成する際、文書ならびに証拠が現地の言葉で記載されている場合、そのすべてをヨーロッパ言語に翻訳しなければなりません。その際、イタリア語、英語またはフランス語にするのが望ましいです。手書きの資料および解読困難な文書はタイプし直すものとします。

（6）書類一式は秩序立てて製本し、目次を付します。複製2部を当該国のバチカン大使館を通して福音宣教省に送付します。その際、教

皇大使は、事案に関して自らの意見を添えるものとします[53]。

4.2.2　第二の特別権限適用のための手続き

第二の特別権限は、第一、第三の特別権限が行使される前に、職権による追放（dimissio ex officio）を免れない聖職者に、独身の義務を含むすべての聖職者の義務の免除を、ひいては聖職者の身分の喪失を自主的に申請する可能性を与えるために認められた特別権限であると理解されます。

手続きについて説明する福音宣教省の文書『司祭・助祭から提出される聖職者の義務の免除申請について』は、まず次のように述べています。「ある聖職者が、精神的な弱さや聖職を続けるうえでの危機、あるいは職務を行ううえでの困難の兆候を示した際、地区裁治権者または彼が所属する修道会の上長は、この者に対して、父としての理解ある態度を示し、彼に寄り添って必要なあらゆる霊的、専門的な支援を行い、危機と困難を乗り越えるよう勇気づけなければなりません。しかし、当該聖職者が、真摯に熟考し、祈りを重ねたうえで、聖職者の身分を放棄することと聖職者の義務の免除とを教皇に求める決断を行った場合、裁治権者および所属する修道会の上長は、手続きを開始して種々の文書からなる書類一式を準備するよう指示します」。書簡には、この場合の必要書類のリストが提示されていますが、これは聖職者省での通常の手続きのためのものとほぼ同じものなので本書の参

---

(53) Cf. V. Mosca, *Le facoltà speciali concesse alla Congregazione per l'Evangelizzazione dei Popoli e alla Congregazione per il Clero*（pp. 162-168）in *I delitti riservati alla Congregazione per la Dottrina della Fede*（Urbaniana University Press 2014）および C. Papale, *Il can. 1395 e la connessa facoltà speciale di dimissione dallo stato clericale "in poenam"*, in *Ius Missionale* 2（2008）39-57.

考資料2を参照してください。

　この手続きは、1980年に教理省が公布した『本質的な規則』と『手続き規則』に従って実施されます。申請そのものは、地区裁治権者あるいは修道会の総長が行うことができますが、調査そのものは委任された司祭によっても実施が可能です。いずれにしても、福音宣教省の書簡は、裁治権者がそれぞれ最終意見を作成するのが望ましいとしており、この最終的な見解は、「免除を請願する聖職者が入籍している教区の顧問会、またはこの者が所属する修道会の顧問会によって承認される必要がある」としています。さらに、「書類一式は、秩序立てて製本したうえで、請願が行われる国のバチカン大使館を通して福音宣教省に送付するものとします。その際、当該国の教皇大使は、その事案に関して自らの意見を添える」と付け加えられています。

4.3　聖職者省の特別権限との関連性

　実際、請願の承認へ向けて福音宣教省で実施される手順や、その際の判断基準については、これまで何ひとつ明示されていません。福音宣教省に与えられた第一、第三の特別権限とその手続きに関しては、聖職者省の同種の手続きに比べて刑事訴訟法の細かな規定が省かれている点で簡便かつ迅速に行えるものの、第二の特別権限については、準備すべき書類も従来の恩典のための手続きと変わりがなく、特別権限として記載されていることに関しては、あくまでも確認のための形式的なものであると言えます。

5.　その他の聖職者の違法行為に対する法的措置

　聖職者の違法行為に対する教会法上の措置としては、刑罰規定の他

に、叙階権（職階）の行使を禁止する「叙階権の行使に対する不適格（irregularitas）」（教会法第1044条）ならびに「主任司祭の罷免手続き」（教会法第1740-1747条）、そして違法になされた「行政決定に対する訴願手続き」（教会法第1732条-1739条）等が規定されています。

5.1 叙階権の行使に対する不適格（irregularitas）（教会法第1044条）[54]

　ラテン教会には、古くから聖職者が担う職務の尊厳を守るため、特定の問題行為を行った聖職者を叙階権（職階）の行使に対する「不適格」（教会法第1044条）とする法的措置が存在します。

　教会は、第一ニカイア公会議（カノン17条）以来、叙階の秘跡の聖性や聖職の尊厳の保護、聖職者への敬意を保証するために、一連の禁止事項と必要条件を定めてきました。それらの禁止事項が、現在、不適格や単純受階障害と呼ばれる法的措置なのです（教会法第1040条参照）。

　不適格そのものには、刑罰としての性格はありません。つまりそれは教会法が定める刑罰、つまり犯罪者を処罰したり、悔い改めさせたりするものでもありません。不適格は、聖職の尊厳を守る機能的な禁止事項であり、その目的は、過去に特定の行為を行い（通常は、犯罪を犯すことにより）、その事実に基づいてその者を聖職から遠ざけることにあります。それゆえ、この不適格は、教会法の懲戒罰の推移と消滅の過程からは独立したものとなっています。例えば、堕胎罪[55]を

---

　(54) 詳しくは、カルロス・エンシナ・コンメンツ『ゆるしの秘跡と内的法廷 使徒座に留保された事案の解決法』（2015年、教友社）を参照。

　(55) 堕胎の定義は、「受精後のいかなる時期であれ、手段を問わず胎児を意図的に殺すこと」とされている（*AAS* 80 ［1988］ 1818）。そのため、受胎が早期に

犯した者は、破門されるだけでなく叙階されるのに不適格な者となります。既に叙階されている場合は、その叙階権を行使するのに不適格な者となります。破門制裁が解かれた後でも、聖職者としての職務を果たすための回心が確かめられ免除権限を有する権威者から不適格の免除（dispensatio）が与えられるまで、その者は引き続き不適格であるとされ、そのことからの制約を受けます。

　不適格に関する教会の措置には、刑罰としての性格がないため、「不適格および障害の不知はその免除の理由とはならない」（教会法第1045条）のです。つまり不適格は、聖職遂行のうえでふさわしくない特定の行為を聖職者ないしその候補者が行ったという客観的な事実に立脚しているものなのです。

　教会法で述べられている不適格は、すべての聖職階位──助祭職、司祭職、司教職──に関係し、不適格とされた状況での叙階権（職階）の行使は有効ではありますが法により禁止されているため違法とされます。またこれらは単純な禁止事項であるため、それに違反した叙階候補者が受ける叙階の秘跡そのものは無効とはされません。しかしそこから叙階権の適法な行使を妨げる新たな不適格が生じることになります（教会法第1044条第1項参照）。

　具体的な事案として教会法第1044条は、叙階を妨げる六つの不適格と二つの禁止条項を定めています。最初の一つを除いた五つの不適格は、過去に行われた犯罪に関連するものです。

確知された後、薬物による人工流産などの手段を用いることもこの犯罪に該当する。またこの罪に問われるのは、胎児の死亡を直接目的としている場合のみである。すなわち堕胎を望んだ当人、強制したあるいは強く勧めた人物、直接実行した医師や麻酔師、看護婦など犯罪遂行に不可欠な人物全員が共犯者としてこの罪に問われる（教会法第1329条参照）。

(1) 最初の不適格は、「叙階に対する不適格に妨げられていながら不適法に叙階を受けた者」に対するものです。

(2) 二つめの不適格は、「信仰の背棄、異端、または離教の罪を犯した者」に対するものです。教会法でも「意思、学説もしくは知識の宣言またはその他の表明に基づく犯罪は、なんぴともその宣言または表明を受け入れない場合は、未遂罪とみなされる」（教会法第1330条）と述べられていることから、この不適格は実際の表明および他者による確知が必須条件となります。

(3) 三つめの不適格は、「婚姻の絆、聖なる叙階、または貞潔の公的終生誓願によって婚姻締結を禁じられている者にして国家法上だけであっても婚姻を試みた者。または有効な婚姻に結ばれている女性もしくは誓願によって拘束されている女性と、同上の行為をした者」に対するものです。

(4) 四つめの不適格は、「故意の殺人罪を犯した者、または堕胎を実行した者、ならびにそれらのすべての積極的協力者」に対するものです。周知のように、この問題に関しては、それなしでは心理的にも物理的にも犯罪の実行が不可能であった「積極的な関与」が必要とされています（教会法第1329条第2項参照）。

(5) 五つめの不適格は、「自分自身、または他人に、故意にひどい切断傷を与えた者、もしくは自殺を試みた者」に対するものです。この規定では、過失だけでは犯罪とはみなされず、それが意図的な行為でなければならないと定められています。ひどい切断傷とは、通常の身体機能を永久に奪うような重度の外傷のことを言います。

(6) 最後に、教会法第1041条の示す六つめの不適格は、「司教または司祭叙階を受けていないにもかかわらず、司教または司祭に留保されている職階の行為を行った者、宣告されたかまたは科

せられた教会法上の刑罰をもって禁じられているにもかかわらず同上の行為を行った者」に対するものです。

さらに次の者は叙階権の行使が法律によって禁止されます。

(7) 単純受階障害に妨げられていながら不適法に叙階を受けた者。

(8) 複数の専門家の意見を徴して、叙階に基づく奉仕職を適正に遂行する能力に欠けると判断されるある種の精神病または他の精神欠陥を有する者。

これらのうち、(2)、(3)、(4) の不適格の免除権は使徒座に留保されています（教会法第1047条参照）。

既遂の事実に基づく不適格は、その性質上永久的なものであるため、免除つまり管轄権を有する教会の権限者の措置によってのみ免除されます。この免除は、不適格が生じた状況が、公的な性質を持っている場合、つまり他の人々に知られている場合、法的措置の効力が公的に示される必要性があるため、外的法廷において与えられますが、そうでない場合は内的法廷においても与えられます。免除が使徒座に留保されている場合の管轄権は外的法廷では使徒座の管轄省庁に、また内的法廷においては使徒座内赦院裁判所にあります。それ以外の事案においては、裁治権者（教会法第134参照）——つまり、司教とその代理（総代理または司教代理）、聖座法による聖職者修道会の上級上長等——が、自己の管轄下に置かれているすべての人々の不適格を免除する権限を持ちます。不適格および単純障害が使徒座に留保されていない場合、司教、または聖職者修道会の上級上長は、内的法廷あるいは外的法廷のいずれにおいても、自己の管轄下に属する信者たちに免除を与えることができます。

では、不適格とされた聖職者に偶発的に職務を果たすことが求めら

れた場合、どのように対処したらよいのでしょうか？

　この場合、信者の魂の救い（salus animarum）の優先性が、先述した禁止事項を一時的に解除します（教会法第1048条参照）。これにより、不適格者であっても次の事態が同時に発生した場合、叙階権を行使することが可能になります。

　（a）障害が秘密であり、かつ緊急を要する事態が発生している場合。

　（b）秘密保持を要する事案で、裁治権者または内赦院に直ぐに赴くことができない場合。

　（c）叙階権を行使しないことで、重大な損害または汚名の危険が差し迫っている場合。

　ただし、通常、婚姻を試みたことが公に知られている司祭に職階の行使を求めることの合法性は認められていません（参考資料12の教皇庁法文評議会の『宣言』を参照）。

5.2　主任司祭の罷免手続き （教会法第1740–1747条）

　現行教会法典の最終章には、主任司祭が必ずしも聖職者の身分からの追放が求められるほどの重大な問題を起こしてはいないものの、主任司祭としては、もはやその小教区から罷免されることが教会の善益として望まれる状況に対して適用される「主任司祭の罷免手続き」に関する規則が定められています。

5.2.1　条件

　教会法第1740条は、「ある主任司祭の奉仕職が、重大な過失がなくても、何らかの理由により有害となるか、少なくとも役に立たない場

合、教区司教はその主任司祭を小教区から罷免することができる」と
定め、その理由として続く第1741条に次のような状況が挙げられて
います。

①教会内の一致協力に深刻な害悪、または混乱をもたらす振る舞い。

②主任司祭の任務を適切に遂行できなくしている不適格、または精
　神面あるいは肉体面での恒常的な病気。

③賢明かつ誠実な小教区信徒の間で信用を落としているか、または
　短期間には止みそうにない反感を持たれていること。

④主任司祭の職務の著しい怠慢または違反が警告の後も持続してい
　ること。

⑤教会財産の拙劣な管理によって教会に重大な損失を与えており、
　罷免の他にこの損害に対処する方法がない場合。

5.2.2　手続き

この事案の手続きは教会法第1742条に規定されています。

（1）教区司教は、訴えに基づいて調査を行った結果、第1740条に
規定された罷免理由の存在が明白となった場合、自己の提案に基づい
て司祭評議会によってこの事案解決のために司祭団の中から恒常的に
選ばれた二名の主任司祭と共に事案を検討します。その結果、罷免が
避けられないと判断された場合、有効性のため罷免の原因と理由を指
摘したうえで、司教は、その主任司祭に15日以内に辞任するよう父
として説得します。

（2）奉献生活または使徒的生活の会の会員である主任司祭につい
ては、第682条第2項の規定を踏まえなければなりません（教会法第
1742条）。

（3）主任司祭の辞任は単純に無条件で行われるだけでなく、条件付

でも行うことができます（教会法第1743条）。

（4）主任司祭が、定められた日まで回答しない場合、司教は期限を延長して繰り返し回答を呼びかけなければなりません。

（5）主任司祭が第2回目の呼びかけを受け取ったものの、何の妨げもないにもかかわらず回答しなかったことが判明した場合、または何の理由も示すことなしに辞任を断った場合、司教は罷免の決定を出さなければなりません（教会法第1744条）。

（6）主任司祭が提示された罷免の原因および理由に反論したものの、その根拠として挙げているものが司教には不十分と思われる場合、司教は、罷免を有効とする手順として次の事柄を行わなければなりません。

①その主任司祭に、調査記録に目を通させたうえで、反論を書面による報告の形にまとめ、さらに反対の証拠がある場合にはそれをも提出するように勧告すること。

②必要な場合、調査を補完したうえで、第1742条第1項に規定された主任司祭たちと共に、またもしこの主任司祭たちが不都合であれば他の者たちを指名して事案を精査すること。

③最後にこの主任司祭を罷免しなければならないかどうかを定め、直ちにこのことについての決定を下すこと。

（7）主任司祭を罷免した後、司教はこの者を適任であれば他の職務に就けるか、または当人が求め、状況が許すならば、引退させ年金生活に入ることを配慮しなければなりません（第1746条）。

（8）罷免された主任司祭は、主任司祭としての任務を控えなければなりません。それゆえできるだけ早く司祭館を明け渡し、新たに司教が小教区を任せた者に小教区に属するすべての物を引き渡さなければなりません。

（9）しかしながら罷免された主任司祭が病弱で、司祭館から他の場

所へ移されることができない場合、司教は、必要な間、司祭館の使用
またその専用さえも許さなければなりません。

　(10)　罷免の決定に対する不服申し立てがなされた場合、これに決
着がつかない限り、その職務は法律上空位とはならないため、司教は
新しい主任司祭を任命することはできません（次の項目を参照）。その
ため司教は、小教区管理者を任命して小教区の司牧を配慮しなければ
なりません（教会法第 1747 条）。

5.3　違法になされた行政決定に対する訴願手続き

　教会において行政権を有する裁治権者が、その権限の行使すなわち
行政行為として発する決定や命令、答書は、法的拘束力を持ち、これ
が教会におけるさまざまな行動原因となります。ところが教会の上級
権威者が発する決定や命令が、常に適法ないし適切であるとは限らず、
時として教会共同体に霊的・物的損害を与えるものである場合もあり
得ます。そのような行政行為は、信者および教会共同体の善益のため
にも是正が必要とされます。もし行政権を有する司教や総代理、ある
いは修道会の管区長という立場にある人が、違法な命令や決定、不適
切な指示を発したため、さらにその是正の要求を拒否したため、教区
の司祭や信者、管区の会員に甚大な被害をもたらすといった場合、そ
れらは確かに違法行為と呼べるものとなります。

　教会法は、こうした状況で私たちが行える措置として、「行政決定に
対する訴願手続き」という規則を法典の最終章の第 1732 条から 1739
条において定めています。さらに現在は、教皇ベネディクト 16 世の
自発教令『アンティクア・オルディナツィオーネ・レックス・プロ
プリア *Antiqua ordinatione Lex propria del Supremo tribunale della*

Segnatura Apostolica』[(56)]によって使徒座最高裁判所署名院へのさらな
る位階的訴願の不服申し立て（recursus hierarchicus contentiosus）を
行う規則も詳細に定められています。

　こうした規則の目的は、不適法ないし不適切になされた行政行為
（行政決定）を是正（変更ないし取り消し）するよう行政権限者に勧告
することであって、その決定を行った者を処罰することではありませ
ん。そもそも教会は、民主主義の組織ではなく、教会内の最終決定権
および最終責任は、あくまでも教皇や司教、裁治権者にあります。し
かし、決定や命令の発令者が、自身の重大な誤りを正さず教会に被害
を与え続ける場合には、位階的訴願によって上級権威者である使徒座
がその権限により違法な決定や命令の是正、取り消しに直に介入する
場合があります。またそのように教会に甚大な問題を引き起こす権威
者は、当然その責任を追及されますし、場合によって刑事罰も科せ
られます。被害状況があまりに深刻である場合、教皇ないし使徒座
の管轄機関は、速やかに当該司教に辞任を勧告するでしょう。例え
ば 2010 年に教理省が改訂した『信仰に反する犯罪およびより重大な
犯罪に関する規則』（*Normarum de gravioribus delictis*）の第 1 条によ
れば、教理省に留保されたより重大な犯罪に関与する者は、たとえそ
れが枢機卿や総大司教、使徒座の使節や教区司教でさえも教理省にお
ける審理の対象とされると記されています[(57)]。また 2015 年 6 月に教
皇フランシスコは、司教職位にある者に対して処罰を科す法廷を開く
ことを宣言し、2016 年の自発教令形式の使徒的書簡『コメ・ウーナ・
マードレ・アマレーヴォレ *Come una madre amarevole*』（2016 年 6
月 4 日）において、他者や社会に重大な損害をもたらしたり、そのよ

（56）*AAS* 100（2008）513-538.
（57）実際に教皇庁は、ドミニカ共和国の教皇大使であったヨゼフ・ベゾロフス
キー大司教を性的虐待の罪で起訴し 2015 年に審理を開始すると発表していた。

うな行為を見逃したりした司教は解任対象とされるとしています。その中で司祭の年少者への性的虐待の隠蔽も、司教を解任する正当な理由となると述べられています。また重大な違反を犯した司教に対して、教皇は職権により解任あるいは聖職者の身分剥奪を行います。教皇の委任を受けた教理省長官等が、職権によって有責性のある司教に対して辞任を勧告することもあります。

それでは、行政決定に対する訴願の規則を簡単に紹介します。

(1) 和解の試み

まず、行政決定によって何らかの損害を受けたと考える者は、決定の変更または取り消しの請求期限または不服申し立ての期限がまだ過ぎていない場合、これを決定の発令者に対して直に訴えることができます。しかし教会においては、自身と決定者との間の争いを避け、できる限り平和裏に解決を図るよう努力することが望まれます。できれば、仲裁者として客観的に事情を調査する見識ある人を立て、可能な限り争訟を避けることが望まれます（教会法第1733条第1項）。司教協議会ないし各教区の司教は、このように穏便な解決を目指し両当事者にそれを進言するための職務または評議会を設置することができます（同条第2項）。

(2) 訴願のための事前請求

こうした努力が解決に導かれない場合、教会法第1734条に従って不服申し立て（訴願）を提起することになりますが、その前段階として、決定の取り消しまたは変更を書面で決定の発令者に請求しなければなりません。この事前請求の提起により、決定の執行停止も請求されたものとみなされますが、法そのものが執行停止を命じるものとして次の事例が挙げられます。奉献生活の会や使徒的生活の会からの

会員の除名（教会法第700、729、746条）や刑罰に関する決定（教会法第1353条）、主任司祭の罷免および転任の決定（教会法1747、1752条）。

通常、この事前請求は、決定が適法に通知されてから10日の有効期限内に行わなければなりませんが、次の場合にはこの規定は適用されません（教会法第1734条第3項）。

　（1）司教に従属する権威者から出された決定に対して、その司教に不服申し立てを提起する場合。

　（2）位階的訴願への裁定に対して不服申し立てを提起する場合（ただし司教によってそれが決定されたものでない場合に限る）。

　（3）教会法第57条および第1735条の規定に従って実際に訴願が行われる場合。

　行政決定に対する変更ないし取り消しの請求が、決定の発令者に到達してから30日以内に、発令者は、先の決定の変更、取り消しまたは請求そのものの棄却を定める新たな決定を通知しなければなりません（教会法第1735条）。もし30日を超えても新たな決定が出されなかった場合、事前請求に対して否定的な回答がなされたとみなされ（教会法第57条第2項参照）、請求者は上位権限者に位階的訴願を提起することができるようになります。もちろん決定の発令者は、引き続き回答として新たな決定を出す義務を有し、自身の決定により害を被った人への損害賠償責任も有します（教会法第57条第3項参照）。一方で、もし最初の請求から30日以内に新しい決定が通知された場合は、その決定に対しても不服であるなら、その日から位階的訴願の有効期限が起算され始めます（教会法第1735条）。

　法そのものによって決定の執行が停止されない事例に関しては、第1734条に規定された事前請求が決定の発令者に到着してから10日以内に発令者が執行の停止を決定しない場合、上位権限者に一時的な執

行停止を請求することができます。上位権限者は、その理由が重大であり、人々の救いに害が及ばないように配慮する必要がある場合、この停止を決定することができます（教会法第1736条第1項参照）。なお有効期限内に訴願が提起されない場合、この決定の執行停止措置は失効します。

(3) 行政行為に対する位階的訴願

　教会法上、自分が行政決定によって損害を被ったと考える者は、事前請求の手続きによって問題が解決されない場合、決定の発令者の位階的上位権限者に対して、いかなるものであれ正当な理由をもって15日の位階的訴願の有効期限内に書面により不服申し立てを行う権利を有します（第1737条参照）。管轄権を持つ上位権限者は、事案によって異なりますが、一般的な日本の小教区の問題や司祭の人事等に関する司教の決定に対する不服申し立ては、まず使徒座の監督省庁である福音宣教省となります。この不服申し立ては、直接、所轄の位階的上位権限者に提出するか、決定の発令者自身に提起することができます。後者の場合、決定の発令者は、直ちに所轄の位階的上位権限者にこれを送付しなくてはなりません。請願書には、当然、所轄の請願先の上級権威者、請願者の情報、是正（変更、取り消し）を望む行政決定についての情報（決定書の写しや請求に対する回答など）、訴願の理由が盛り込まれ、請願者本人の署名が日付と場所と共に記されている必要があります。

　不服を申し立てる者には、常に弁護人または訴訟代理人を立てる権利があり、既にそうした任務を依頼していればその情報も請願書に記されている必要があります。不服を申し立てる者に弁護人がなく、上位権限者がそれを必要と考える場合は、職権によって弁護人を立てることになりますが、上位権限者は、不服を申し立てる者に尋問のため

自ら出頭するように命じることができます（第1738条参照）。

　この位階的訴願を提起することで、上位権限者が行政決定に関する裁定の権限を持つことになり、それを発令した者の権限はその時点で消滅します。また、行政決定の執行停止の措置が取られている場合は、上位権限者は新たにこれを承認するか取り消します。決定の執行停止の措置が取られていない場合、上位権限者は重大な理由に基づいて当該決定を停止することができます。

　不服の申し立てを受理する上位権限者は、事情に応じて決定を認証するかまたは無効を宣言するだけでなく、これを廃止し、取り消し、または上位権限者がより有益と判断する場合には、これを修正、変更または部分的に廃止することができます（第1739条）。

(4) 位階的訴願の手続き

　①この手続きには教会法第35-47条、50-51条、57条が適用されます。

　Ⅰ．上位権限者は、必要な情報および証拠を収集し、かつ可能な限りその権利が侵害され得る者の意見を聴取しなければなりません（教会法第50条）。

　Ⅱ．位階的訴願の決定は、概要の形でもその理由を示した文書の形で出されます（教会法第51条）。

　Ⅲ．訴願が提起されてから3か月を経過しても上位権限者が決定を行わない場合、それとは別の上位権限者に改めて位階的訴願を行うことも、さらなる位階的訴願の不服申し立て（recursus hierarchicus contentiosus）を使徒座裁判所署名院に対して行うことも可能となります（教会法第57条）。

　もし、この3か月という期間が完全に経過しない場合でも、『教皇庁一般規定 Regolamento Generale della Curia Romana』（RGCR）の

第136条第2項は、問題を解決するために必要とされる期間の延長を許可しています。その際に、当事者にその適切さを伝えると共に、延長する具体的な期間を示して、その措置をとる理由を示さなければなりません。

②上位権限者の決定

Ⅰ．上位権限者は、不服を申し立てられた行政行為の適法性のみならず、その決定の適切さ、有益さ、また行政権限者の統治の任務の良し悪しについても評価を行います。実際、評価の対象は、請願者の訴願の内容だけに限定されることなく、関連する他の行政行為についても審理されることがあります（ultra petita）。一方で、上位権限者は、請願者にとってかえって不都合となる決定を下す場合もあります（reformatio in peius）。

Ⅱ．上位権限者は、次のような個別的決定を行うことで位階的訴願の事案を解決します。

（ⅰ）訴願の対象とされている行政行為を承認する。すなわち行政行為（決定）は適法かつ適正なものと認められます。

（ⅱ）訴願の対象とされている行政行為の（当初からの）無効を宣言する。その判断は、以下の理由に基づいて行われます。

（a）行政行為の発令者の権限あるいは権能の欠如。

（b）本質的な要素の欠如。

（c）法律が有効性のために求める必要条件の欠如。

（d）明確に手続きを無効とする瑕疵の存在。

（ⅲ）訴願の対象とされている行政行為を無効とする。

（a）行政行為は、状況に応じて、法そのものによって（ipso iure）あるいは絶対的な仕方で無効とはされない何らかの瑕疵（誤解や詐欺、恐怖等）によって無効とされる場合があります。

（b）この場合、行政行為を無効とする効果は、無効が決定され

た瞬間からであって、自動的に行政行為そのものの発令の時点とはされません。

(c) しかし上位権限者は、正当な理由に基づいて、適切に行為を無効とする効果を部分的にであれ全体的にであれ、過去に遡って認めることができます。

(iv) 訴願の対象とされている行政行為を取り消す。

(a) 取り消しは、一般的な行政行為が消滅する通常の形式です。

(b) 取り消しは、行政行為の消滅の効果を持つ決定の発令によって行われます。その際に、同一事案に関する他の行政行為をもって置き換えられる必要はありません。

(c) この場合、取り消された行政行為そのものに無効の瑕疵はなく、また無効が認められる他の違法性もなく、上位権限者は、適切さという動機から行政行為を取り消すことになります。

(v) 何らかの変更をもって決定を修正・改訂する（行政行為そのものは保持されています）。

(vi) 他の決定と置き換える。

訴願の対象とされている行政行為をそれとは異なる措置をもって代替します（Subrogatio：例えば教会法第 1425 条第 5 項、第 1624 条を参照）。場合によっては、異なる複数の決定や元の決定と相反する措置をもって代替します（Obrogatio）。

(5) 位階的訴願の不服申し立て（recursus hierarchicus contentiosus）

さらに、もし上位権限者（通常は使徒座の管轄機関）の決定に不服がある場合は、いずれの当事者も、すなわち行政決定を発令した者も行政決定に不服を申し立てた請願者も、教皇ベネディクト 16 世の自発教令『アンティクア・オルディナツィオーネ・レックス・プロプリア *Antiqua ordinatione Lex propria*』に従って、使徒座最高裁判所署

名院（Supremum Tribunal Signaturae Apostolicae）に、さらなる位階的訴願の不服申し立てを行うことができます。通常、この手続きにおいては行政行為の適法性のみが審理されます。

(6) 損害賠償請求

上位権限者は、訴願の対象とされた行政行為によって損害が与えられていた場合、その有責性について適切な判断をしなければなりません。上位権限者は、もし損害賠償請求が訴願の内容に含まれていなかったとしても、職権により請願者の要求に対してこれを判断することができ、また判断しなければなりません（『パストル・ボヌス』第123条）。

むすび

現行教会法典の序文には、古代の教会会議で繰り返し語られていた次の言葉が引用されています。「司祭たちが聖書と教会の法に無知であることは許されない」。教会法（ius canonicum）という言葉は、もともと「教会における正しい事柄の基準」を意味します。それは魂の救いのため、教会に集う一人ひとりの善益のため、共同体全体の善益にとって、何が正しく何が誤りであるかを示し、教会に集う人々の歩みを的確に魂の救いに導くために教会に法が存在することを意味しています。ですから聖職者は、教会において何が正しく何が誤りであるかを正しく識別する必要があり、いつくしみと愛を常に行動原理としながら誤りを正すことが求められているのです。それには当然、聖職者自身の在り方を常に正していくことも含まれています。

このことからも、教会法典の最終章に上述した刑事訴訟法や行政訴願などの諸規則が置かれていることは、実に意味深いことだと思われます。そのような規則が法典の最後に備えられているということは、

位階的権威と組織構造に重きを置くカトリック教会において、権威主義の乱用に対する固有の良心を教会が持っているということを意味しているのです。近年、聖職者のさまざまな違法行為によって教会に躓きが広がることを防ぐため、また躓きを修復し人々が傷つけられる危険を退け、被害者の魂を救済するために特別な法規が整備されてきたこともそれと同じ意味を持っています。

　教会の位階的な権威は、すべて奉仕のためのものです[58]。教会とは、司教や司祭が言うことは絶対で彼らに絶対的な支配権があり、信徒はそれにただ従うだけという思考停止の封建的な社会などではありません。真の教会とは、一人ひとりが洗礼を通して聖霊の賜物を受けたキリストの兄弟姉妹という最上の尊厳を等しく分かち持つ神の民、神の家族としての生きた交わりなのです。聖職者は、まさにこの神の民の善益のため、神の民が信仰の喜びをもってこの世での人生を歩み魂の救いを得ることができるように、キリストの代理として仕える者なのです。それゆえ神の民の喜びが聖職者の喜びでなくて何が聖職者にとっての正当な喜びであると言えるでしょうか。そのため聖職者は、キリストから教会を通して託された権能をもって、よりよく神の民を世話し、教え、聖化できるように、慈愛に促されて努力するよう召されているのです。司祭の務めは何であれ、本来、信仰・希望・愛の喜びから果たされるべきものであって、単純に法的義務だから、地位や権限があるからという理由でなされるべきものでは決してありません。

　教会には真に正しく良い司祭が必要とされています。そのため司祭・助祭の候補者として、叙階の秘跡を受けるにふさわしい身体的、心理的素質すなわち心身の健全さを持つ者、そして真の意思すなわち正しい意向を持つ者だけが叙階されるように求められるのです。この

---

(58) 教皇ヨハネ・パウロ2世、使徒憲章『サクレ・ディシプリーネ・レージェス』。

ことは司祭召命に対する志願者の動機の正しさ、養成の内容と質、そして教会の責任者の判断の適切さに依存しますが、根本的にはその人の人間としての成長の仕方、物事や他者に対する態度、それに教会共同体で培った真の信仰の感覚、教会体験に大きく依拠していることは間違いありません。それゆえ良い司祭を生み育てるのも教会共同体の大切な務めであるということを忘れてはなりません。その意味でも司祭の不足を理由として、司祭になりたい人ならどんな人間でも構わない／それが許されるという浅薄な考え方は、結果的に百害あって一利なしと言うべきものなのです。なぜならそのように叙階の秘跡の尊厳、ひいては教会の聖性や信仰の神秘を軽視すればするほど、後に続く司祭志願者の質や動機も当然いい加減なものとなっていき、その結果、教会は神聖さから遠く離れた俗なる安っぽい集団となり、もはや人々はそこに救い（神秘）を求めて来なくなるからです。

　キリストの教会は、自らの召命に応えるために聖職者と信徒が互いに仕え合いながら、一人ひとりの至らぬ点については互いに諭し合い、寛大にゆるし合いながら御国の完成を目指して前進していく神の民なのです。そして時として教会に重大な躓きと損害をもたらす不正な行為や倫理に反する重大な振る舞いが起こった際には、それが誰であれ互いに正し合うことが信仰上また法律上からも求められています。しかしこれは決して、ある人を裁いて永遠の罰に定めるためではなく、悔い改めと償いを通して、主に愛された羊の群れのひとりとして本来自分が歩むべき道に立ち戻り、皆で共に救いに導かれるため、信仰の喜びのうちに再び歩み始められるように助ける『交わりのための手段』[59] なのです。それゆえ信者には皆、教会の聖職者の不正について

　（59）教皇ヨハネ・パウロ 2 世『ローマ控訴院への訓話』（1979 年 2 月 17 日）in *Insegnamenti di Giovanni Paolo II*（1979/2）p. 412。

訴える権利と義務があることを覚えておくべきです。一方、教区の司教は、司祭叙階を行う教区の責任者として、聖職者の問題に真摯に取り組み、必要な措置を講じる必要があります。そして司教には、理由は何であれ聖職者の身分を喪失した者のその後の生活も可能な限り助ける義務があるのです（教会法第1350条第2項参照）。

　しかしながら、児童への性的虐待をはじめとする重大な犯罪のために聖職者の身分を喪失し、祈りと償いの生活が課せられた元司祭に関して、その復職は到底望まれるものではないのも確かです。そういう人物は、一信者としての務めを誠実に果たすだけで十分です。そもそも聖職者は、神の愛を知る者、真に信仰を生きる者でなければなりません。そして聖職とは特権的立場や名誉職などではなく、あくまで人々への奉仕のためのものなので、聖職者としてどうしてもふさわしく生きられないのなら、その職を辞し、せめて信者として真っ当に生きるよう努めれば、それこそ教会にとっての善であり、その人個人の救いにとってもそれで十分なのです。

　聖なる任務を慈愛の心をもって誠実に果たしてきた多くの司祭たちが、これまで教会を正しく導いてきたことも確かです。日々のひたむきな牧者としての働きは、決して目立つものではありませんが、主ご自身が誰よりもその苦労をよくご存知でしょう。すべてのキリスト者が、共に洗礼の恵みに常に忠実に生きるように努める中で、特に聖職者が叙階式の時に神と教会共同体の前で「はい」と誓ったその言葉が、常に誠実かつ完全な形で保たれることを祈りたいと思います。なぜなら聖職者の変わらぬ神とその民への愛と忠実は、秘跡の与え主である神ご自身への愛と忠実でもあり、そうした司祭の誠実な生き方のうちに神の民は、より確実に信仰を生きるうえでの励ましを受け、その司祭が挙行する秘跡によって恩恵に与るからです。法的な次元のみならず、霊的な次元においても、叙階の秘跡の聖性が保たれることは、教

会そのものの命、世の救いそのものにも関わる重要なことなのです。

　私たちキリスト者とは、信徒であれ聖職者であれ、本来皆が等しく主の牧場で憩うことを喜びとする羊であるはずです。良き牧者に緑の牧場と憩いの水辺に導いてもらえるように、羊はそれぞれの仕方で主人の声を聞き分け、羊飼いの門をくぐって彼に従う必要があるのです。その時、聖職者は仲間である羊を助ける役目を果たします。このために必要とされる根本的な要素は、誰もが、「主に愛された弟子としてふさわしくあること」、「互いに愛し合いなさい」という主の唯一最高の掟を喜びをもって生きることに他ならないのです。

2017 年春

東京教区司祭

田中　昇

第2章

聖職者の身分の喪失の手続きに関する
使徒座担当官による解説

『使徒座の答書による聖職者の身分の喪失』[1]

教会法第290条第3号の規定によると、聖職者の身分の喪失は、助祭あるいは司祭といった聖務者が、特殊な状況において聖職者の身分喪失の申請を行うことによって生じ得ると定められている[2]。

聖職者の身分の喪失は、使徒座によって与えられる恩典の答書（rescriptum pro gratia）を通じて、助祭に対しては重大な事由によってのみ、司祭に対しては極めて重大な事由によってのみ認められる。

教会法第290条第3号の規定に則った、聖職者の身分喪失を伴った免除を与える教皇の答書は、通常、独身の義務の免除も与える。実際、

（1）これは、聖職者省が開催している Corso di prassi amministrativa canonica（2013年度）において聖職者省の担当官から提供された資料であり、これと同内容の論文 A. Neri, *La perdità dello stato clericale per rescritto*, in *Ius et Iustitia* 16（2012）148-170 が刊行されている。

（2）V. Mosca, *La perdità della condizione giuridica clericale e i suoi sviluppi più recenti*, in *Il sacramento dell'ordine*, a cura del Gruppo Italiano Docenti di Diritto Canonico, Quaderni della Mendola 19, Milano 2011, 237-282. E. Miragoli, *La perdità dello stato clericale e la dispensa dal celibato. Diritto comune e facoltà speciali*, in *Quaderni di Diritto Ecclesiale*, XXIV, 2（2011）233-251.

教会法第291条の規定によると、叙階が無効である事案を除いて、聖職者の身分の喪失は、それ自体、独身の義務の免除をもたらさない。こうした申請に対する独身の義務の免除の付与は、ローマ教皇の独占的な権限である。

　そもそも免除に関する答書とはいかなるものであろうか？　教会法第59条第1項の規定によると、答書とは個別的な行政行為であり、行政権を有する所轄の教会権威者によって発布されるものである。対象となる事案により、答書は正義に関するもの、恩典に関するもの、これら両方に関するものであり得る。恩典の答書とは、純粋な意味で好意、善益、恩恵、ゆるしに関するものであり、例えば、婚姻障害の免除の付与または特権（privilegium）や名誉の授与などが挙げられる。

　教会法第85条は免除について、「特殊な事情における純粋な教会の法の緩和 *Legis mere ecclesiasticae in casu particulari relaxatio*」という伝統的な定義を示している。また、教会法第90条は、いかなる法律の免除においても「正当かつ合理的な理由」（iusta et rationabili causa）が必要であるとしている。これは具体的には、信者の霊的善益、各事案の実情ならびに免除が望まれる法律の重要性に釣り合うふさわしい理由と言い換えることができる。

　免除とはあくまで恩恵の行為であるため、聖職者の側には、これを得るいかなる権利も存在しない。実際、教理省の1980年10月14日付の『聖職者の独身の免除についての司教および総長への書簡 *Lettera ai Vescovi e Superiori Generali riguardante la dispensa dal celibato sacerdotale*』では、「独身の義務の免除は、非常に深刻な事情において聖職者全員に対して教会から無差別的に認められねばならない（聖職者の）権利であるかのように考えられるといった事態は避けなければならない。反対に真の権利とは、聖職者が自らを差し出すことによって、キリストとすべての神の民とに与えたところのものと

考えられるべきである。したがって、その権利は、聖職者が人生において直面し得る重大な困難にもかかわらず、自らの約束に忠実であることを彼に期待するものである」[3]。

1917 年の教会法典から 1980 年の規則へ

ここで、1917 年の教会法典から 1980 年の規則（Norme）への移行過程において、我々が扱っている問題がいかに発展し、その中で教会の教導と本質的な規則とがどのような変遷を辿ったかを明らかにしていきたい。

1. 1917 年の教会法典では、叙階の秘跡に関する権限は、第 1993 条から第 1998 条、ならびに第 214 条において規定されていた。第 1993 条から第 1998 条、すなわち聖なる叙階に対する訴訟（De causis contra sacram ordinationem）の規定においては、以下の二種類の訴訟が想定されており、その管轄権は、当時、秘跡聖省（Sacra Congregazione per la Disciplina dei Sacramenti）にあると定められていた。

・聖なる叙階の有効性に関する訴訟。

・聖なる叙階から生じる責務、特に独身を守る義務に関する訴訟。

当時の秘跡聖省は、聖なる叙階の無効宣言との関連において、受階者の適切な意思の欠如および外部から加えられた重大な恐怖（強制）

(3) 教理省『聖職者の独身の義務の免除についての司教ならびに総長への書簡』（本書参考資料）= Sacra Congregazione per la Dottrina della Fede, *Lettera ai Vescovi e Superiori Generali riguardante la dispensa dal celibato sacerdotale* (*Litterae circulares omnibus locorum Ordinariis et Moderatoribus generalibus religionum clericalium de dispensatione a sacerdotali coelibatu*), 14 ottobre 1980, n. 3, in *AAS* 72 (1980) 1132-1135; *EV* 7/550-561.

を理由として聖職者の義務の解消を扱っていた（第 214 条参照）。さらに、この事案に関する議論の中で、結果として第三の項目、すなわち第一の事案としても、第二の事案としても大きな疑いが持たれる競合訴訟事案が付け加えられた。いずれの場合においても、ピオ 12 世、ヨハネ 23 世、パウロ 6 世といった歴代の教皇は、当時の検邪聖省（Suprema Sacra Congregazione del Sant'Uffizio）に、聖職者の信徒の身分への還元（還俗）、ならびにこれに伴う独身の義務の免除の申請に関わる審理を委ね、それを認める結論が下された場合、教皇の判断を与えるための謁見（udienza pontificia）を行った。

2. 教皇パウロ 6 世は、1964 年 2 月 2 日に検邪聖省によって作成された『転びの聖職者に関して用いられる手続き規則 *Normae ad processus de Sacerdotibus lapsis apparandos*』を公布した[4]。

教皇パウロ 6 世は、司祭の背信に関係する事案において、取り返しがつかないほど不規律な状態にあるすべての者の状況を解決しようと望んでいた。そのため最初に秘跡聖省によって検討された手続きを提示してみたが、結果としてそれはこうした聖職者たちの非倫理的な状態を解決するのにはほとんど役に立たなかった。

そのため 1964 年 2 月 2 日をもって、こうした事案の管轄権は検邪聖省へと移され、同省は、『すべての地区裁治権者である枢機卿・司教ならびに修道者家族の総長へ *a tutti gli Eminentissimi ed Eccelentissimi Ordinari dei luoghi ed ai Superiori Generali delle Famiglie Religiose*』という書簡を送付して、独身の義務の免除を伴った信徒の身分への還元の申請についての審理を行う専門委員会が同省内に創設

---

(4) Sacra Congregatio Sancti Officii, *Litterae circulares "Sanctissimus"*, 2 febbraio 1964, in *EV Suppl.* 1/16-21; in *Leges ecclesiae (LE)*, nn. 3162, 4119.

されたことを発表した。この書簡には、聖なる叙階ならびにその義務に関わる訴訟のための規則（Norme）が添えられていた。この規則では、申請者すなわち（訴訟）当事者である司祭が通常居住する地区の裁治権者は、一名の裁判官および一名の聖なる叙階に関する絆の保護官（Difensore del Vincolo della Sacra Ordinazione）、そして一名の公証官からなる裁判所を組織して、裁判形式に則った手続きを行わねばならないと定められていた。

3. 第二バチカン公会議閉幕後の 1967 年 6 月 24 日、教皇パウロ 6 世は、回勅『サチェルドターリス・チェリバートゥス *Sacerdotalis coelibatus*』(司祭の独身制について)[5] を公布し、この中で（聖職者の）義務の免除の付与というテーマについても触れた。

この回勅において、教皇パウロ 6 世は、「私は父としての愛をもって、司祭職にある不幸な兄弟たち、不幸ではあるが常に愛すべき失いがたい兄弟たちのことを、大きな心配と悲しみをもって考えています。すなわち彼らは、叙階の秘跡によって心に刻まれた聖なる印章を身に帯びていながら不幸にも司祭叙階によって引き受けた義務に対して不忠実であったのです」[6] と記している。

同回勅において、教皇は、教会が聖職者に対して、独身の義務の免除を伴う信徒の身分への還元を認める際の理由を想起しつつ、以下のように戒めている。「教会の考えによると、試みるべきただ一つのことは、動揺したその兄弟に、心の平和、信頼、痛悔、元の熱意を取り戻させるために、できる限りの説得を行うということです。そして、

---

(5) 教皇パウロ 6 世、回勅『サチェルドターリス・チェリバートゥス *Sacerdotalis Caelibatus*』(1967 年 1 月 24 日公布) in *AAS* 59（1967）690, 690-691; in *EV* 2/1415-1513.

(6) 同第 83 項。

ただこうした司祭を良い結果に導くことができないと判断された場合にのみ、その不幸な神の役務者を、彼に委ねられた任務から解放すべきです」[7]。さらに教皇は、この聖職者が「もしも一定の状況下で、彼を再び司祭の任務に就くよう連れ戻すことはできないが、その人が信徒としてふさわしくキリスト信者の生活を送るという真剣さと良い心構えがあることを示すならば、聖座はあらゆることを熟考し、教区の裁治権者や修道会の長上の意見を聞いたうえで、常に苦しみよりも愛に優位を与えながら、ときに申請された免除を与えることもあるのです……」[8] と述べた。

　4.　その後、1971 年 1 月 13 日に教理聖省（Sacra Congregazione per la Dottrina della Fede）は、『教区本部および修道会本部における信徒の身分への還元手続きのための規則 *Norme per procedere alla riduzione allo stato laicale presso le Curie diocesane e religiose*』を公布した。ここで定められた手続きは、司牧的調査に近いもので、その中では次のように説明されていた。「(1)裁判所で実施される裁判手続きの代わりに、今後は簡便な調査を行うものとする。これは、独身の義務の免除の申請において示された動機が正当なものであるかどうか、申請者の主張が真実であるかどうかを確認することを目的とするものである。したがって、この種の調査は、法的な厳正さよりも司牧的規準に重きを置くもので、手続きとしてはより簡便なものとすべきである。しかし、こうした調査が真実を知ることを目的として実施されるという原則は常に遵守されなければならない」。したがって、「この度公布するこの規則は、以前の 1964 年に公布された規則を改善し補完

---

(7)　同第 87 項。
(8)　同第 88 項。

するものとなるはずである」[9]。

　同日発表された書簡『信徒の身分への還元についての司教ならびに総長への書簡 *Lettera ai Vescovi e Superiori Generali riguardante la riduzione allo stato laicale*』[10] において、同省は次のように明言した。「以前より、多くの枢機卿、司教ならびに修道会総長たちは、遵守すべき規則がより簡便な形体となるように、それによって教区本部ならびに本省における事案解決にかかる時間を短縮することができるよう求めていた。

　これらのことをすべて考慮し、1969 年 12 月 3 日に開催された教理聖省全体会議は、先の規則を廃止し、それに代わるより簡便な新しい規則を設けるべきであると決定した。この知らせを受けた教皇は、司教・枢機卿たちの決定を承認した。

　こうして教理聖省は、司教および総長たちの意見を秩序立てて分析し、これをほぼ全世界から教理聖省に寄せられる幾千もの事案を扱ってきた経験から得られた結論と結び合わせた。そこから導き出されたのが 1970 年 12 月 14 日に教皇に提出され、その承認を得ることとなった新しい規則である」。

5. 1971 年 1 月 13 日に上記の規則が公布されてから、教理聖省にはさまざまな疑問や困難が寄せられた。なかでもこの規則が定める幾つかの規定の解釈に関するものが顕著であった。こうした疑問や困

---

　(9) Sacra Cngregatio pro Doctrina Fidei, Normae *"Antequam causam reductionis"*, 13 gennaio 1971, in *AAS* 63（1971）303-308; *EV* 4/62-75.

　(10) Sacra Congregatio pro Doctrina Fidei, *Litterae circulares omnibus locorum Ordinariis et Moderatoribus generalibus religionum clericalium de reductione ad statum laicalem（Lettera ai Vescovi e Superiori Generali riguardante la riduzione allo stato laicale）* 13 gennaio 1971, in *AAS* 63（1971）309-312; *EV* 4/54-62.

難を解決すること、または明らかにすることを目的として、1972年に教理聖省は新たに書簡を発表し次のように説明した。「新しい規則は、申請者すべてに対して無差別的に免除を認めるために公布されたものではなく、裁治権者によって行われる調査をより簡便にすることを目的としたものである。……したがって、提示されたすべての動機が、申請された免除を得るのに十分かつ有効とみなされるわけではない。以下に十分であるとはみなされない動機の幾つかを示す。ⓐただ単に結婚したいという意思だけを持っていること、ⓑ聖なる独身の義務の掟を蔑視していること、ⓒ既に民法上の婚姻を試みていること、もしくは免除が容易に得られることを期待して挙式日を既に決定してしまっていること。したがって、裁治権者は上記の動機しか認められない申請を教理聖省に送ってはならない。聖なる叙階を受けてから数年しか経っていない聖職者については、特に上述の事項に留意するものとする」[11]。

　6.　教皇ヨハネ・パウロ2世は、1979年の聖木曜日に、カトリック教会のすべての司祭に向けた書簡において[12]、まず第2バチカン公会議によって示された教え、続いてパウロ6世の回勅『サチェルドターリス・チェリバートゥス』、さらに1971年のシノドスにおいて提示された教えに言及しながら、幾つかの本質的な概念を再確認した。

---

　(11) Sacra Congregatio pro Doctrina Fidei, *Declaratio quoad interpretationem quarundam dispositionum, quae Normis, die XIII Ianuarii 1971 editis, statutae sunt (Dichiarazione sull'interpretazione di alcune disposizioni riguardanti la riduzione allo stato laicale)*, 26 giugno 1972, in *AAS* 64 (1972) 641-643; *EV* 4/76-81; LE 4067.

　(12) Giovanni Paolo II, *Novo Incipiente, Lettera di Giovanni Paolo II ai sacerdoti in occasione del Giovedì Santo 1979*, 8 aprile 1979, in *EV* 6/900-939, 1287-1328.

(1) まず、ラテン教会における司祭の独身制に対して、我々は大いなる敬意を抱くべきであるという点について明確に説明している。「聖職に就くことは、生活と奉仕における独特の完全性を要求するものであり、まさにこうした完全性こそ、いみじくも我々の聖職者としてのアイデンティティーに合致するものであると言える[13]。ラテン教会は、主キリストという模範、使徒の教え、さらには教会自身のすべての伝統を思い起こしつつ、叙階の秘跡を受ける者が皆、天の国のために［自らを］放棄することを、過去に望んでいたし今も未来も望み続けるのである」[14]。

(2) それゆえ、「カトリック教会における聖職者の独身制について、これをただ単に、叙階の秘跡を受けた者に対して法律によって課される義務であるとみなす世間に流布した見方は、悪意とは言わないまでも誤解の産物であると言える。……我々は皆、真実はそういうものとは異なることを知っている。叙階の秘跡を受けるすべてのキリスト信者は、完全な自覚と自由をもって、独身を貫くべく努めるのである。これには多年にわたる準備と深い熟考、そしてたゆまぬ祈りとを必要とする」[15]。

(3) さらに、「……こうした決断は、教会が定めた法律によってのみ義務づけられるものではなく、個人の責任によっても義務づけられる。つまり司祭がキリストと教会に対して立てた誓いを守るということが課題となる。誓いを守るということは、司祭の内面的な成熟の義務とその結果の確認であり、同時に各自の人格の尊厳の表れであるとも言える」。

(4) 教皇は、「独身の義務の免除が、今後、粗雑な行政手続きを行

---

(13) 同第4項。

(14) 同第8項。

(15) 同第9項。

うことで自動的に得られるものと思われるいかなる事態も避けなければならない」と締めくくっている[16]。

7.　これらを下敷きとして、教理聖省は、1980 年 10 月 14 日に『聖職者の独身の義務の免除についての司教ならびに総長への書簡 Lettera ai Vescovi e Superiori Generali riguardante la dispensa dal celibato sacerdotale』を、『本質的な規則』と『手続き規則』と共に発表した。この教理聖省が提案した規則は、事実上現在もなお有効な手続きとして採用されている[17]。

8.　1989 年 3 月 1 日より、ラテン教会および東方教会においてこの事案の管轄権は、教理省から典礼秘跡省へと移された[18]。

9.　さらに 2005 年 8 月 1 日より、この管轄権は典礼秘跡省から聖職者省へと移された。実際、2005 年 6 月 21 日付の国務省長官の書簡により、聖職者省長官に対して以下の決定が伝えられた。「使徒憲章『パストル・ボヌス Pastor Bonus』（第 96 条）が示すように、聖職者の生活と規律に関する諸問題の取り扱いを統一することを目的とし

---

(16)　同上。

(17)　Sacra Congregatio pro Doctrina Fidei, *Litterae circulares omnibus locorum Ordinariis et Moderatoribus generalibus religionum clericaliumde dispensatione a sacerdotali coelibatu (Lettera ai Vescovi e Superiori Generali riguardante la dispensa dal celibato sacerdotale)*, 14 ottobre 1980, in *AAS* 72 (1980) 1132-1135; *EV* 7/550-561; Sacra Congregatio pro Doctrina Fidei, *Litterae circolare e Norme procedurali*, in *EV* 7/572-586. この『本質的な規則』は、当初、使徒座官報には公表されなかったが、教理省のラテン語の内部資料 *Normae de dispensatione a sacerdotali coelibatu ad instantiam partis* (Typis Poliglottis Vaticanis, 1980) の中で開示された。

(18)　Cf. *EV* 11/1347.

て、教皇は、2005年5月16日の謁見において、ラテン教会ならびに東方教会の在俗の聖職者および修道会所属の聖職者が、助祭ならびに司祭に叙階されたことに伴って引き受けた義務の免除の事案を取り扱う権限を、典礼秘跡省から聖職者省へ移すように命じた。この命令は2005年8月1日から有効となり、この日付の以後に提出される事案は、すべてこの命令の規定に従うものとする」。

これ以降、聖職者省は、叙階によって司祭および助祭に生じる義務の免除の申請を扱い始めた。2007年12月28日付の書簡第64.730/P号と共に、国務省長官は、本省において選出または任命された後、教皇の承認を得た局長ならびに数名の役員を擁する聖職者省第四事務局[19] の創設を報告した。

本質的な規則

1980年10月14日付の書簡において、教理聖省は以下のような説明を行った。

1. 独身の義務の免除は、教会によって無差別的にすべての聖職者に認められるべき権利だとみなされるような事態は避けなければならない。反対に、真の権利とは、聖職者が自らを差し出すことによって、キリストとすべての神の民に与えたところのものであると考えられるべきである。それゆえこの権利は、聖職者が人生において直面し得る重大な困難にもかかわらず、自らの約束を忠実に守ることを期待するものである（第3項参照）。

2. 独身の義務の免除が、粗雑な行政手続きを行うことで自動的に

---

(19) Commissione speciale per la trattazione delle cause di dispensa dagli obblighi del diaconato e del presbiterato.

得られると思われるような事態に陥ることは避けなければならない（同上）。

　3.　このように、あらゆる軽率さは避けられなければならない。なぜなら、司祭職の意義、すなわち叙階の秘跡が持つ聖性、ならびにこれによって引き受けた義務の重大さを軽視することは、必然的に深刻な損害を引き起こすばかりか嘆かわしい驚きと多くの信者に対する躓きをも引き起こすことにつながるからである。それゆえ、免除の動機は幾つもの説得力のある理由を伴った確固とした根拠をもって示されるものでなければならない。本来、訴訟とは、誠実さをもって諸事案を取り扱うものであり、信者の善益を守ることがその真の目的であるので、謙虚さとは異なる心情をもって提出された申請は考慮されないよう注意しなければならない（第5項参照）。

　4.　こうした事案に関わるすべての裁治権者は、彼らの司祭たち全員、とりわけ重大な霊的困難に直面している者の霊的な父親の役割を担うという義務を忘れてはならない。そしてこれらの者が、主イエス・キリストとその聖なる教会のために叙階を受けた日に引き受けた一連の義務をより容易く、より大きな喜びをもって遂行することができるよう、確固とした必要不可欠な援助を行わなければならない。また、信念のゆらいだ状態にある兄弟に霊的な安らぎと信頼を取り戻させ、悔い改めさせて最初の熱意へと立ち戻らせるために、各事案に応じて、同僚、友人、親族、医師、精神科医らの協力を得ながら、主の御名の下であらゆる手段が試みられなければならない（第6項参照）。

　『本質的な規則』（*Norme sostanziali*）の第1条は以下のように規定している。

　「第1項　法によって定められた他の方法を除いて、聖職者の身分は、当事者の申請に対して与えられる聖職者の義務の免除を認める（教皇の）答書によってのみ喪失する。この聖職者の身分の喪失は、

117

以下のように区別され得る。すなわち、①使徒座の答書によるもの、②叙階の無効宣言ないし責務受諾の無効宣言の判決または決定によるもの、③刑罰によるもの、そして④職権によるもの（ex officio）である」。

「第2項　聖職者の独身の義務の免除は、唯一、教皇にのみ留保されている。教皇は、以下の規定に従って管轄機関を介してこれを付与する」。

実質的には、以下の二種類の事案が考慮されている。

第一の種類の事案は、叙階の前に遡る原因に関わるもので、叙階を受けるべきではなかった聖職者に当てはまるものである。事実、『本質的な規則』の第2条は、聖職者の義務の遂行を阻害することとなった叙階以前から存在する原因を考慮したもので、次のように規定している。「自由と責任を欠いていたことにより、もしくはこれらを持ち合わせていなかった重大な疑いあるいは認識力の欠如により、または重大な身体的または倫理的な欠陥により適性を有さなかったため、もともと叙階されるべきではなかった者に対して、使徒座は聖職者の独身の義務の免除を認める」。

第二の種類の事案は、叙階後に浮上した原因に関わるもので、民法上の婚姻を行ったり、子供をもうけていたり、長期にわたって聖職者としての職務を怠っていたりする取り返しのつかない状況にある者を対象にしている。『本質的な規則』の第3条は、次のように定めている。「死の危険が差し迫っている場合を除いて、叙階後に浮上した原因による免除は認められない。ただし、長年にわたって聖なる叙階に由来する義務を怠っており、聖職者としての生活を取り戻す希望がまったく認められない聖職者については、これらの者が偽りのない真の悔い改めをもって免除を申請する場合、免除が認められ得る」。

そして、『本質的な規則』の第4条は、「聖職者の独身の義務の免除

を得るべく申請を行った聖職者に対しては、念のため聖なる職階の行使が禁止される。ただし、この者の名声を守ること、または共同体の善益を保護することを目的として、裁治権者が、この者による聖なる職階の行使が絶対的に必要であるとみなした場合はこの限りではない」と定めている。

手続きに関する規則

本事案に関する手続きは行政手続き（procedimento amministrativo）[20] によって行われ、それは以下に示す二段階からなる。第一段階は教区、修道会、使徒的生活の会において実施され、第二段階はバチカンの管轄機関すなわち聖職者省において行われる。

（A）第一段階

管轄権者

「申請を受理し、訴訟を開始する管轄権を持つ裁治権者は、当事者の入籍先の裁治権者、または聖座法の奉献生活の会の会員の場合は、その上級上長とする」（第1条）。しかしながら規定の裁治権者が訴訟を開始することができない場合は、申請者が通常居住する地区の裁治権者がこれを行うことができる。あるいは、動機が正当なものである場合、聖職者省は、別の裁治権者を代理として任命することができる

（20）教理省『司教の独身の義務の免除についての司教ならびに総長への書簡』、『手続き規則』（本書参考資料7）＝ Sacra Congregatio pro Doctrina Fidei, *Normae de dispensatione a sacerdotali coelibatu ad instantiam partis（Norme per la dispensa dal celibato sacerdotale a istanza di parte）*, 14 ottobre 1980, in *AAS* 72（1980）1136-1137; *EV* 7/562-567.

（『手続き規則』第2条参照）。ただしその場合は、上記の規定の裁治権者がこれを行うことが不可能な実質的理由の存在が必須とされ、当然、書面による正式な委任が必要であり、それが訴訟記録の中で確認されなければならない。

申請

「申請書には、申請者の氏名ならびに基本的な情報の他、この者の申請が根拠あるものとされる事実関係およびその主張が少なくとも大まかに述べられ、申請者自身によって署名されていなければならない」（第3条）。申請書の宛先は、唯一、独身の義務の免除を認める権限を有する教皇とする。

調査

申請書を受け取った後、裁治権者は、手続きを行うかどうかを決定する。申請書受理の如何は、当然のことながら、訴えに根拠があると思わせる事実の存在（fumus boni iuris）とその事実に関する慎重な考察に基づく。

裁治権者は、申請を受理したら念のため申請者による聖なる職階の行使を停止しなければならない。ただし、この司祭の名声を守るために、あるいは共同体の善益を保護するために、この者が聖務を行うことが絶対的に必要とみなされる場合はこの限りではない。

次に裁治権者は、自らまたはこの任務遂行のために選ばれた賢明かつ信頼のおける司祭を通して、この訴訟の調査を行う。調査には訴訟記録の真正性を保証する公証官を伴うものとする（第4条参照）。

申請者が真実を語ることを宣誓した後、司教または調査官である司祭は、申請者に対して項目ごとに、前もって入念かつ厳密に準備された質問事項に従って尋問する（第5条参照）。申請者の尋問を行うこ

とで、取り調べに必要かつ有益なすべての情報を得る。すなわち、ⓐ申請者の基本的な情報、出生日ならびに出生地、以前の生活に関する情報、家族に関する情報、この者の素行、学歴、叙階確定前の評価票、さらに申請者が修道者である場合は、過去に行われた誓願の記録。また聖なる叙階を受けた日付ならびに場所、聖職者としての履歴。教会法および市民法上の法的身分および各種情報、ⓑ司祭職を離れる状況や原因、さらに聖職者の義務の受諾を妨げることを可能とした状況（第6条参照）。

　そのうえで、司教または調査官の司祭は以下のことを行う。

　(a)　可能であれば、この者の養成期間の上長に尋問を行うか、質問に対する文書による回答を入手すること。

　(b)　申請者によって示された他の証人、または調査官が召喚する他の証人の証言に関して検証を行うこと。

　(c)　文書資料またはその他の証拠を収集すること。その際、特に当事者の判断力の重大な欠如が考えられる場合、適切であると判断されるなら鑑定人に助言を求めること（第5条参照）。

　調査官による証拠および資料の収集に際して、それらすべては公証官によって署名されなければならない。その際、以下の事項を確認する必要がある。

　・申請者が既に婚姻を試みている場合、それに関して民法上の真正な婚姻証明書が提示されているかどうか（妻の身分も調査の対象となる。独身者か、離婚経験者か、あるいは以前の婚姻関係を既に解消しているか、もしくは終生あるいは有期の誓願によって奉献生活の会に結ばれているかどうかを確認する）。

　・申請者が、いまだ独身の義務の免除は与えられていないものの、聖職者の身分からの追放の処罰を既に受けているかどうか。

・申請者が、贖罪的刑罰として既に聖職者の身分からの追放の処分を受けているかどうか。

・申請者が、奉献生活の会の会員で、教会法第 694 条第 1 項から第 2 項の規定に従って、事実そのものによって（ipso facto）既に除名されている場合は、その事実を宣言したことを証明する文書を添付すること（『手続き規則』第 5、6 条）[21]。

調査の終了

調査が終了したらすべての文書の複製三部を、証拠の評価を行う際に有益と思われる情報を添えて聖職者省に送付する。その際、以下の書類を添付する。

1. 記載事項の真正性の証明書ならびに、躓きを生じさせる危険性の不在に関しての裁治権者の意見書（『手続き規則』第 7 条）。

2. 独身の義務の免除を認めることによって人々に躓きが生じる危険性があるかどうかに関しての申請者が居住する地区の裁治権者の判断。

3. 調査官の意見書。

資料収集の補助として、聖職者省は『司祭叙階の義務からの免除訴訟の調査に必要とされる諸文書 *Documenti richiesti per l'istruttoria di una causa di dispensa dagli obblighi dell'Ordinazione Sacerdotale*』において以下のリストを提供している。

1. 当該聖職者による、謙虚さと悔い改めの心に基づいて書かれた

---

(21) Cf. V. Mosca, *La perdità della condizione giuridica clericale e i suoi sviluppi più recenti*, in *Il sacramento dell'ordine*, a cura del Gruppo Italiano Docenti di Diritto Canonico, Quaderni della Mendola 19, Milano 2011, pp. 237-282.

教皇宛ての申請書。この中で、当事者は、聖職を離れようとする主た
る動機と、危機を乗り超えて自らの職務を再開するために、かつて自
身が歩んだ道に立ち戻ることが不可能であることの理由をまとめる。
申請者は、申請書に署名して義務の免除のみならず信徒の身分への還
元（還俗）も同時に申請する。

　2.　申請者の履歴書（curriculum vitae）。申請者の人生の歩み、養成
課程、職務における重要な出来事とその日付、ならびにこの者が危機
に陥り、職務を放棄することとなった理由をできる限り詳細に、細部
にわたって叙述し説明する。さらに、この者が取り返しのつかない状
況に置かれているとみなされる場合は、その理由も明記する（この履
歴書は、免除の申請と共に、訴訟を開始するための訴状［libellus］の役割
も果たす）。

　3.　申請者に対して、免除を申請しないよう説得するために、教区
の裁治権者または修道会の上長によって行われたすべての司牧的試み、
ならびにこの者が危機を克服して公正な道に立ち戻り、聖職者として
の活動・任務を再開することを目的として行われた支援について、そ
の要約を記した文書。

　4.　完全に任務を放棄することを決意した申請者が、免除の申請書
を自らの裁治権者に提出し、これが受理された時点で、この者による
聖なる職階の行使が停止されたことを証明する文書。

　5.　1980年10月14日に教理省によって公布された『本質的な規則』
と『手続き規則』に則って任務を遂行する調査官ならびに公証官を任
命する決定書。

　6.　公証官の臨席のもと、申請者が真実のみを語る宣誓を行ったう
えで、申請者に対して調査官によって実施された尋問書。質問は、各
項目について前もって入念に準備されるものとし、とりわけ叙階以前
の養成時期にまで遡って調査する。そして、職務の危機、放棄、およ

び取り返しのつかない状況が生じることとなった理由として履歴書において申し立てられているすべての事項について特に入念に取り調べを行う。

7. 申請者および調査官によって示された証人の尋問書、またはこれらの者が記した供述書。申請者の両親ならびに親類、養成期間の上長および同僚、現在の上長および同僚等が証人となり得る。

8. 必要に応じて、養成期間またはその後に実施された医師、心理学者、精神分析家または精神科医による診断書。

9. 聖なる叙階を受ける前の評価票ならびに、申請者に関する養成施設の書庫にある入手可能なその他の記録。

10. 調査官の意見書。訴訟事案の評価について、つまり免除を認めることが適切であるか、または有用であるか、あるいは不適切であるかに関する意見を要約して述べる。その際、調査において確認された申請の動機ならびに申請者個人の善益のみならず、教会全体および、教区または修道会、申請者の職務に委ねられていた人々の魂の善益をも考慮に入れる。

11. 訴訟の調査を決定した司教または修道会の上長の意見書。調査官によって提出された文書を精査したうえで、訴訟事案そのものの評価について、ならびに免除が付与される可能性、適正さ、さらに免除の付与によっていかなる躓きをも生じさせる危険性がないことに関して意見を述べる。

12. 申請者が職務を放棄して以来、通常居住している地区において躓きを生じさせる危険性がないことを確認する当該地区の裁治権者による一般的な意見書。

13. もし申請者と相手の女性が民法上であれ既に結婚している場合は、そのことの証明書（民法上の婚姻証明書）、あるいはその婚姻の無効宣言もしくは離婚を証明する書類の写し。ただし各書類は真正性の

認証が付されている必要がある。

　注意：以上の諸文書は、収集された後、秩序だって整理、製本され、ページ番号と目次を付して、公証官によって真正性の認証が与えられた後、その複製三部を聖職者省に送付するものとする。その際、判読が困難な手書きの文書を送付してはならないが、どうしてもそれが重要であると考えられる場合は、それをタイプし直したものを添付する。判読が困難な文書の写しについても同様の扱いとする。

（B）第二段階

　第二段階は聖職者省で開始され、「事案について審議し、申請を教皇に提出するか、調査を補完する必要があるか、あるいは根拠がないものとして申請を却下するかを決定する」（『手続き規則』第8条）。

　初めに聖職者省の第四事務局は、手続きのために提出された訴訟記録の写し三部に関して形式上完全であるか、本質的な内容が確かなものであるか検証する。

　次に申請者および調査官に申請が受理されたことを通知し、訴訟整理番号を付ける[22]。

　提出された文書に不備がある場合、聖職者省は裁治権者に対して調査を補完するように命じる。

　提出された文書が完全であった場合、聖職者省は、三名の委員に文書資料をさらに詳細に検証するように命じる。委員は教会法、倫理神

---

(22) «...Die...mensis...anni... huc rite pervenerunt acta processus administrativi pro dispensatione ab obligationibus sacrae Ordinationis in favorem D.ni ..., presbyteri istius dioecesis. Eadem acta sub N. ...in tabulario Dicasterii persignata sunt. Quam primum ac iuxta proportionata tempora, de eorumdem pertractatione nuntium habebis...».

学、秘跡神学、心理学の各分野に精通した司祭とし、聖職者省長官によって五年ごとに任命されるものとする。

　通常、毎週金曜と土曜に、次官および第四事務局長、公証官の出席の下、二つから三つの委員会が開かれる。この委員会には、それぞれ三名の委員が招集され、事案を詳細に検討し、「申請を教皇に提出するか、調査を補完する必要があるか、あるいは根拠なしとして申請を却下するか *Utrum petitio sit Romano Pontifice commendanda vel instructio complenda, vel petitio reicienda utpote fundamento destituta*」という問いに、文書による意見書をもって答えるよう求められる（『手続き規則』第8条）。

　したがって各事案について、以下の事柄を確認するために意見を収集する必要がある。

　（a）司祭叙階によって生じる義務の免除を得るため、申請者の申請を教皇に提出すべきかどうか。

　（b）調査は完了しているかどうか。

　（c）根拠なしとして申請を却下すべきかどうか。

　これにはさらに重要な説明を加える必要がある。

　教皇ベネディクト16世の定めにより、現在、40歳を越す申請者による申請については、三名の委員からなる委員会によって、40歳未満の申請者による申請については、五名の委員からなる委員会において検討が行われることになっている。

　教皇は、申請者が40歳に満たない事案について、2008年1月11日の長官枢機卿との謁見において、これらの事案について今までは三名の委員からなる二回の委員会を開くと定められていたところを今後は五名の委員からなる一回の委員会を開くように命じた。また教皇は、事案を教皇に提示するのに必要な規準の数として、これまで三つの規準を満たしていることが必要とされていたところを、一つあるいはそ

れ以上で十分であるとする決定を行った。すなわち、司祭職の任務遂行に対する不適格（第2条）、または取り返しのつかない状況、すなわち実質的な職務放棄から経過した時間（5年）、あるいは／および取り返しのつかない家族状況、つまり民法婚の事実あるいは／および子供の存在（第3条）、さらに叙階以前に既に存在していた重大な倫理的または精神的欠陥とそれが現れた時の状況の特異性。

委員会によって免除が認められるという結論に達した場合、聖職者省によって最終意見書である「謁見用書類（foglio di udienza）」が作成され教皇へ送付される。

教皇が同意する場合、聖職者省は免除が認められた旨の答書を地区裁治権者または修道会上長へ送付し、彼らはそれを申請者に通知する[23]。

「免除を認める答書」においては以下（1-9）のことが命じられる。

1. 免除を認める答書は、『手続き規則』の第2条における所轄の裁治権者から申請者へ早急に通知されるものとする。

（a）免除は申請者へ通知されることによって効力を発する。

（b）聖なる独身の義務の免除は、常に聖職者の身分喪失を伴う。申請者はこれら二つの要素を切り離すこと、すなわち一つを受諾してもう一つを拒否することはできない。

（c）申請者が修道者である場合、答書は誓願の免除を含む。

（d）さらに事案に応じて、既に科された懲戒罰の解除を含む。

2. 免除の通知は、裁治権者自らあるいはその代理人によって個人的に行うか、教会の公証官を通じて手紙（書留）によっても行うことができる。裁治権者は、答書ならびに同封された決定書の受け取りの

---

(23) Cf. Congregatio de Cultu Divino et Disciplina Sacramentorum, *Collectanea Documentorum: Ad causas pro dispensatione super "rato et non consummato" et a lege sacri coelibatus obtinenda*, Città del Vaticano 2004.

証明として、申請者による署名の入った返信を送付する。

3. 免除が付与された旨は、申請者が受洗した小教区の洗礼台帳に記載されるものとする。

4. 教会法に則った婚姻を挙式する際は、教会法が定める規則が適用される。ただし裁治権者は、挙式の公示は行わず、慎重に外面的に盛大でない式が行われるようによう配慮する。

5. 規定に則って答書を申請者に通知する義務を有する教会権威者は、この者に対して、新しい生活条件に応じて、神の民としての生活に参加し、良き模範となり、教会の忠実な息子であることを示すよう熱心な働きかけを行う。同時に、この者に対して以下の事柄を指示しなければならない。

(a) 免除が認められた司祭は、このことによって聖職者の身分に伴うすべての権利、地位、任務を喪失し、聖職者の地位に関わるその他の義務にも拘束されることはない。

(b) 教会法第976条、第986条第2項に規定された事項を除いて、聖なる職階の行使から除外される。したがってこの者は、説教も司牧的分野における管理の任務も、小教区における行政的任務も行うことができない。

(c) 同様に、神学校やこれに類する教育機関においても、いかなる任務も行うことができない。また教会の権限によって運営されるその他の高等教育機関において、どのような形であれ、管理職または教育活動に関わることはできない。

(d) この者は、教会の権限によって運営されるか、もしくはそうでない高等教育機関において、神学またはこれに密接に関連するいかなる科目の教鞭も執ることができない。

(e) この者は、教会の権限によって運営される初等教育機関において、管理の任務を行うことも、実際に神学に関する科目の教鞭を

執ることもできない。免除が認められた司祭は、教会の権限によって運営されていない初等教育機関においても同様にこの規定を遵守しなければならない。

(f) 聖なる独身の義務を免除された司祭、ならびに婚姻関係にある司祭であればなおさら、この者の以前の身分が知られている地域から遠ざからなければならない。また、いかなる場所においても、朗読奉仕者や祭壇奉仕者の職務、または聖体を配る奉仕を行うことはできない。

6. 申請者の住所地または滞在先の地区裁治権者は、自らの慎重な判断によって、また良心に従って、関係者の意見を聞き状況を慎重に判断したうえで、答書の (e) および (f) が定める条項のうちの幾つか、またはすべてを免除することができる。

7. ただし上述の免除は、聖職者の身分の喪失が認められ、文書によってそのことが通知されてから暫く時間が経過した後でなければ認めることができない。

8. 最後に、申請者には信心業または愛徳の業が課される。

9. 所轄の裁治権者は、時機を見て、聖職者省に対して通知が行われた旨を簡潔に知らせる。また、信者たちの間で何らかの驚きが見られた場合は、慎重な説明を行う。

さらに、聖職者省次官に宛てられた2005年8月10日付の国務省長官の書簡をもって、聖職者省に対して以下の指示が行われたことを付け加えなければならないだろう。

(i) 聖職者省長官は（長官がいない場合、次官は）、教皇の委任を受けたうえで、職務を放棄した申請者のうち死の危険に瀕している者に対して、聖職者の義務の免除付与を認めることができる。ただしこれと異なる措置が取られた場合は、その限りではない。毎年、同省長官

は、教皇に対してこうした理由によって認められた免除についての報告を行う。

（ii）聖職者省は、助祭に対しては、過渡的助祭、終身助祭の如何を問わず、事案ごとに教皇に報告を行うことなしに、聖なる叙階に伴う義務の免除を与えることができる。

助祭叙階によって生じるすべての義務の免除を伴った聖職者の身分の喪失に関して必要とされる書類は、司祭の免除申請と比べると本質的なものだけに限られる。現行教会法の規定ならびに聖職者省の実践によると、叙階の義務の免除を伴った聖職者の身分の喪失は、重大な理由によって（ob causas graves）（教会法第290条第3項）のみ、教区の助祭か修道会の助祭かの区別を問わず、過渡的助祭にも終身助祭にも認められる。その際、この助祭は申請を行い、申請書に以下の文書を添付するものとする。

- ・申請者自らが署名した、直接、教皇に宛てられた申請書。その中ではっきりと恩典を願うと同時に申請を行うに至った動機を簡潔に述べる。
- ・申請者の履歴書（curriculum vitae）。その中で、当事者を危機へと陥れることになった出来事とその重大さ、段階について明確に説明すると同時に、自らまたは他者の責任があると考えられる場合はこれについても記述する。
- ・事実関係ならびに、聖職者の身分の喪失および免除の付与が適切かどうかについての司教または総長、あるいは管区長の意見書。
- ・上長たち、教育に当たった者の意見、養成者および職務上の同僚による証言または供述書。
- ・書庫に保存されている養成期間に関する文書ならびに叙階に先立つ評価票（教会法1051条）。

上記の文書は、収集された後、秩序立てて整理、製本され、ページ

番号と目次を付し、公証官によって真正性の認証を受けた後、その複製三部を聖職者省に送付するものとする。その際、判読が困難な手書きの文書は送付しないようにするか、タイプし直したものを付ける。判読困難な複写資料についても同様の扱いとする。

　この事案については、さらなる説明が必要であると思われる。助祭の聖職者の身分の喪失については、この者が自ら申請を行おうとしない場合、正真正銘の裁判手続きが必要となる。こうした手続きを行うためには、当事者の適性の欠如の他に、この者によって犯された重大な犯罪の事実が必要となる。その犯罪が、教会法が聖職者の身分からの追放を規定しているものであれば、聖職者の身分の剥奪が科せられることになる。なお、こうした手続きを実施する権限を有するのは教区司教または修道会上長である。

　独身の義務の免除については、規定どおりの恩典の申請を行う（教会法第291条）。

結論

　2010年に、聖なる叙階に由来する義務の免除が与えられたのは690件であった。内訳は、教区司祭が360件、奉献生活の会の会員である司祭が241件、教区の助祭が57件、奉献生活の会の会員である助祭が32件であった。

　2010年の一年を通じて、97回の委員会が招集され、そのうち85回は通常の委員会、12回は特別委員会、すなわち40歳未満の聖職者に関するものであった。付与された恩典の答書の数は合計540通で、49名の教区の助祭、26名の奉献生活の会の会員の助祭、280名の教区司祭、185名の奉献生活の会の会員の司祭に対して申請された恩典が認められた。死の危険にある者に対する恩典の答書は14通付与された

（内訳は 11 名の教区司祭、3 名の奉献生活の会の会員の司祭であった）[24]。

これほどの聖職者の身分の放棄が起こる理由は一体何であろうか？問題はまず、聖職者の人間的、霊的、教義的、司牧的養成が、必ずしもその職務に対して十分適切なものではなかったということにあるだろう。それゆえ、これまで述べてきたように、自らが受ける叙階の秘跡に適した身体的、心理的素質（心身の健康）を持った者（教会法第 241 条第 1 項および第 1029 条参照）、および真の意思（正しい意向）を持った者（教会法第 597 条参照）だけが、叙階を受けるにふさわしいと認められる必要がある。

同様に、養成機関におけるすべての教育内容が、教会の真の教えと完全に調和したものであることが必要とされる。なぜなら誤った知的養成は、宣教者としての誓約の動機づけを失わせたり、各自の生活そのものに必然的に悪影響を及ぼしたりするからである。さらに入念な霊的指導と禁欲的生活への手ほどきは必要不可欠である。そして、聖なる叙階の候補者たちに対して、独身の保守という賜物を神学的、霊的、歴史的、司牧的側面から把握するための強い動機づけとなる教育を行うことが早急に必要とされる。その目的は、これらの者に対して「独身の身分を生きるのに適切な教育を行い、彼らが、神からの特別な賜物としてこれを尊重することができるよう準備する」（教会法第 247 条第 1 項）ことにある。教皇パウロ 6 世が聖職者の独身制についての回勅『サチェルドターリス・チェリバートゥス』の中で、これらの「痛ましい放棄」について述べたのは、まさにこうした本質的な意味においてであった。教皇は、これらの放棄について「そもそも聖なる独身制には何の罪もありません。これらのことすべてが起こった

---

(24) Cf. *L'Attività della Santa Sede 2011*, Città del Vaticano 2011, pp. 536-537.

のは、司祭志願者の能力について確実で賢明な判断が適切な時にいつでも下されていたわけではなかったことによるか、あるいはその司祭の生き方が神にまったく捧げられた生活の諸義務と合わなかったことによるのです」と主張している[25]。そして教皇自身が、次のような嘆きを露わにしたのも、まさにこの点においてであった。「もしもこれらの司祭たちが、自分が神の聖なる教会にどれほどの苦悩、どれほどの不名誉、どれほどの不安をもたらしているかわかっていたのであれば、また彼らが受けた任務の重大さと素晴らしさを深く考えていたなら、さらに現世と来世において彼らにどのような危険が待っているかを考えていたなら、彼らは間違いなくいっそう注意深く賢明に物事を決定し、より熱心に神に祈りを捧げ、そのような霊的・倫理的失墜となる原因を、当然のことながらいっそうの勇気をもって警戒したことでしょう」[26]。

2012 年

教皇庁聖職者省

次官補アントニオ・ネーリ

---

(25) 教皇パウロ6世『サチェルドターリス・チェリバートゥス』注の 83 番。
(26) 同 86 番。

『刑罰としての聖職者の身分の喪失と聖職者省の特別権限』[27]

聖職者の身分の喪失

（教会法第 290 条–293 条）

　聖職者の身分の喪失は、旧教会法典においては「信徒の身分への還元（reductio ad statum laicalem）」と称されていたが、新しい教会法典では「聖職者の身分の喪失（amissio status clericalis）」と言い換えられ、第 290 条から 293 条において取り扱われている。聖職者の身分（status clericalis）と聖なる職階（ordines sacri）とは、相関的ではあるものの二つの異なった概念を持つものである。聖職者の身分という表現は、義務と権利を伴い、教会の法制度によって規定された法的な地位を指す。それゆえ聖職者の身分とは、本質的には、聖職者としての法的状況を意味するものだと言える。一方、聖なる職階（聖職位階）という表現は、存在論的性質に関わる秘跡的状態を明示するもので、人をその存在において超自然的な仕方で変容させ、その者が「聖なる奉仕者」として、「キリストの位格において（in persona Christi）」働く能力が与えられていることを意味する（教会法第 1008 条）。したがって、聖なる叙階（sacra ordinatio）は、ちょうど洗礼や堅信と同じように、魂に消し去ることのできないしるしを刻印するものであり（教会法第

　（27）これは、聖職者省が開催している Corso di prassi amministrativa canonica（2013 年度）において聖職者省の担当官から提供された資料だが、同じ内容の論文 A. Neri, *La perdità dello stato clericale per rescritto*, in *Ius et Iustitia* 16(2012) 100-125 が刊行されている。

1008条）、一度有効に授けられた叙階の秘跡は、消滅させることも撤回することもできない。しかしながら、聖職者の身分は喪失することがある。

教会法第290条の規定において、聖職者の身分の喪失は以下の三通りの異なった形態で生じ得ると定められている。

1. 叙階が無効であった場合。

2. 聖職者が重大な犯罪を犯した場合。

3. 助祭あるいは司祭といった聖務者が、特殊な状況に置かれ、それによって聖職を放棄する申請（恩典による免除申請）を行った場合。

一番目の事例において、叙階の無効性は、教会法第1708条から1712条の規定に従って[28]、裁判判決または行政決定によって宣言される。それゆえこの場合、聖職者の身分は喪失するのではなく、そもそも初めからそれが存在していないことが確認されるのである。

二番目の事例、すなわち聖職者が重大な犯罪を犯した場合、管轄裁判所によって、贖罪的刑罰として聖職者の身分からの追放が科される（教会法第1336条第1項5号）。これは、旧教会法において「位階剥奪（degradatio）」と呼ばれていたもので、教会法第1720条から1728条が規定する刑事訴訟法に従って行われる。

聖職者の身分からの追放は、重大な犯罪を犯した聖職者に対して科される最も重い刑罰である。

厳密な意味で、人は普遍法が定める特定の事例に限ってのみ刑罰で威嚇され得る。普遍法が、聖職者の身分からの追放という刑罰を規定

（28）叙階の無効宣言については、さらに次の典礼秘跡省の規定がある。Congregazione per il Culto Divino e la Disciplina dei Sacramenti, *Regole procedurali per la dichiarazione di nullità dell'ordinazione*（cum Nuovo regolamento per avviare e celebrare il procedimento Amministrativo di nullità dell'ordinazione）, 16 ottobre 2001, in *AAS* 94（2002）292-300.

する事例とは以下のとおりである。

1. 長期にわたる不服従もしくは重大な躓きを伴った背教、異端、離教（教会法第1364条第2項）。

2. 聖別された形色に対する冒瀆（教会法第1367条）。

3. 教皇への身体的な暴力行為あるいは暗殺行為（教会法第1370条第1項、第1379条）。

4. 教唆の犯罪（ゆるしの秘跡の告白者に対する第六戒に反する罪への誘惑）のうち、とりわけ重大な事案（教会法第1387条）。

5. 民法婚に限った場合を含む、聖職者が婚姻を試みた犯罪において、「警告を受けた後も悔い改めず、躓きを与え続ける場合」（教会法第1394条第1項）。

6. 聖職者が、内縁関係について警告された後も、こうした不服従を継続する場合（教会法第1395条第1項）。

7. 十戒の第六戒に反する犯罪のうち、暴力あるいは脅迫を伴ったもの、または公然のもの、あるいは16歳（18歳）以下の未成年に対するもの（教会法第1395条第2項。『教理省に留保された犯罪に関する規則』第6条も参照）。

すべての事案において、聖職者の身分からの追放の処罰は、裁判所の任意裁量であり、加重事由のある情状ないし個々の犯罪の特別な事情が考慮されることによって科される。教会法上、聖職者の身分からの追放の処罰が最初の刑罰として科されることは想定されていない。すべての犯罪に対して、まずより軽い別の刑罰が科され、加重事由または特別な事情によって聖職者の身分からの追放が初めて処罰として科される。あるいは、初めに処罰として中程度の刑罰が科され、さらに聖職者の身分からの追放に至るまで段階的に刑罰が加えられていくこともある。

　贖罪的刑罰としての聖職者の身分からの追放は、聖職者の身分の喪失ならびに関連するすべての権利と義務の喪失を伴う。

　実際、教会法第292条の規定によると、聖職者の身分の喪失によって、聖職者は、

　1. まさにその事実そのものによって、その身分に属するすべての権利を同時に失う。

　2. その身分に由来するいかなる義務の遂行も求められない。ただし、独身に関する規定は別とされる（教会法第291条参照）。

　3. 叙階の権能（職階）の行使が禁じられる。ただし「死の危険にある、すべてのゆるしの秘跡を受ける者に対しては、いかなる懲戒罰および罪をも有効かつ適法に赦免することができる。これは、権能を有する司祭が臨席している場合も同様である」（教会法第976条）。

　4. さらに、まさに聖職者の身分喪失という事実そのものによって、聖職者としてのすべての職務、任務、地位ならびに委託されたあらゆる権限が剥奪される。

　聖職者の身分からの追放は、局地法によって規定することはできず（教会法第1317条）、また伴事的な刑罰（poena latae sententiae）として科すこともできず（教会法第1336条第2項参照）、さらには決定（decretum）によって科されることも宣言されることもできない。それゆえ、聖職者の身分からの追放は、唯一裁判を通じてのみ科される（教会法第1342条第2項）。その裁判は、三名の裁判官、あるいは複雑な事案の場合は五名の裁判官からなる法廷において行われ、「これに反する慣習は排除される」（教会法第1425条第1項第2号、第2項。第4項も参照）。

　聖職者省に新たに認められた特別権限（facoltà speciali）は、まさにこうした文脈に置かれている。司教は、全般的に、司祭が聖務に関わる自らの義務を忠実に遂行するよう常に監督しなければならない（教

会法第384条ならびに第392条参照）。事実、「司教はキリストの代理者および使者として、部分教会を助言、勧告し、その模範によって、また権威と聖なる権能によっても統治する」（第二バチカン公会議『教会憲章』第27項）のである。こうした枠組みにおいて、「司教は、全教会に共通する規律の遵守を奨励しなければならない。それゆえすべての教会の法が遵守されるよう促進しなければならない」（教会法第392条第1項）。そして、教会の規律において乱用が起こらぬよう監督しなければならない（教会法第392条第2項）。司教は、教会の善益をひどく侵害する行為について報告を受けた場合、司法権の行使に当たって慎重に自らまたは代理者を介して、事実関係とこれを行った者の責任について調査しなければならない（教会法第1717条参照）。躓きの原因となった事実関係に関して十分な証拠が収集されたと判断されたら、司教は当事者を訓戒するか、この者に対して正式な警告、戒告を行う（教会法第1339条から第1340条参照）。しかしこれが、躓きの修復、正義の回復、躓きの原因となった人物の更生に十分でなかった場合、司教は処罰を科すための手続きを開始する。これには次の二通りの方法がある（教会法第1341条ならびに第1718条参照）。

　・通常の刑事裁判を実施する。これは、犯罪の重大さゆえに教会法がそれを要求する場合、あるいは司教によってそれがより賢明であると判断された場合に行われる（教会法第1721条参照）。
　・教会法が規定する手続きに則った、裁判に拠らない解決策としての決定を下す（教会法第1720条参照）[29]。

　しかしながら、聖職者が重大な不規律状態に陥っており、司牧的手段および、教会法によって規定された手段を用いて問題を解決しよう

（29）Cf. Congregazione per i Vescovi, *Direttorio per il ministero pastorale dei Vescovi, Apostolorum Successores*（司教省『司教の司牧的任務のための指針 *Apostolorum Successores*』）22 febbraio 2004, n. 68.

とするあらゆる試みが、躓きを修復し、正義を回復し、犯行者を更生させるのに十分かつ適切ではない可能性もあることを認めなければならない（教会法第 1341 条参照）。こうして浮かび上がったのが、使徒座の補助的介入に訴えることを認める必要性である。これは、特殊な事例において、魂の救いのために、繰り返し乱された法的秩序を回復するのに適した決定的な法的措置が得られる可能性を、困難な状況に置かれた裁治権者に対して使徒座が提供するものである。そこで聖職者省は、以下に示す特別権限の付与が望ましいかどうか[30]、その判断を教皇に委ねのるが適切であると考えた。そして教皇は、その特別権限を 2009 年 1 月 30 日付で本省に与えた。

特別権限 1 ——民法婚に限ったものであっても婚姻を試みた聖職者のうち、警告を与えられたにもかかわらず改めず、不規律な生活を継続し躓きを与え続ける者（教会法第 1394 条第 1 項参照）、ならびに十戒の第六戒に対する重大な外的罪（教会法第 1395 条第 1-2 項参照）を犯した者に関して、独身の義務を含む叙階に由来する聖職者の義務の免除を伴う刑罰としての聖職者の身分からの追放の事案として、特別形式での承認と決定を求めて、それらを扱い教皇に提示する特別権限。

---

(30) Cf. V. Mosca, *La perdità della condizione giuridica clericale e i suoi sviluppi più recenti*, 237-282, in *Il sacramento dell'ordine*, a cura del Gruppo Italiano Docenti di Diritto Canonico, Quaderni della Mendola 19, Milano 2011; D. G. Astigueta, *Facoltà concesse alla Congregazione per il Clero*, in *Periodica de re canonica* 99 (2010) 1-33; F. R. Aznar Gil, *La expulsión del estado clerical por procedimiento administrativo*, in *Revista Espanola de Derecho Canonico* 67 (2010) 255-294; A. Migliavacca, *Le Facoltà speciali concesse alla Congregazione per il clero*, in *Quaderni di Diritto Ecclesiale*, XXIV, 4 (2011) 415-436; E. Miragoli, *La perdità dello stato clericale e la dispensa dal celibato. Diritto comune e Facoltà speciali*, in *Quaderni di Diritto Ecclesiale*, XXIV, 2 (2011) 233-251.

特別権限 2 ——とりわけ重大な法律の違反があった場合、ならびに実質的な躓きを避ける必要性と緊急性がある場合、事案に関して所轄の裁治権者の要請に従って、それを直接取り扱うことによって、あるいは裁治権者の決定を承認することによって、教会法第 1399 条の規定する案件として介入する特別権限。

これは教会法第 1317 条、第 1319 条、第 1342 条第 2 項、第 1349 条の例外規定として実施できるものとする。ただし永久的な刑罰の適用に鑑み、助祭に対しては重大な事由において、司祭に対しては著しく重大な事由においてのみ適用されなければならず、常に事案のすべての記録を直接教皇に提示しながら特別形式での承認と決定を求めてこれを実施する。

特別権限 3 —— 5 年以上、自らの意思で、不正に聖務を（不在によって）放棄した聖職者に対して、独身の義務を含む聖職者の義務の免除を伴った聖職者の身分喪失を宣言する教皇の答書の要請。

こうした特別権限は、2009 年 4 月 18 日付の書簡（Lettera circolare）第 2009 0556 号[31] によって、聖職者省からすべての裁治権者に対して示された。

上記の書簡に続いて、2010 年 3 月 17 日付の書簡第 2010 0823 号[32]

---

(31) *La Lettera circolare del 18 aprile 2009*, in *EV* 26/286-297; *Regno Documenti* 13（2009）392-396.

(32) Cf. Congregazione per il Clero, *Lettera circolare per l'applicazione delle tre "Facoltà speciali" concesse il 30 gennaio 2009 dal Sommo Pontefice*, in *EV* 26/1173-1181; *Ius Ecclesiae*, vol. XXIII, 1 (2011) 229-251 (con nota di F. Pappadia, *Ambito e procedimento di applicazione delle Facoltà speciali della Congregazione per il Clero*).

により、同省は、問題となっている事案の取り扱いに関する『手続きのための指示書』を、地方教会における『調査を完遂させるための必要書類一覧』と併せて発表した。これらは書簡の発表と同じ日に、同省によって採用されたものである。これに関して、以下に考察を述べると共に、実施すべき手順を示す。

第一の特別権限について

　教会における特殊な義務に対する種々の違反（教会法第 1392 条から 1396 条参照）の中に、聖職者あるいは聖職者ではないが終生誓願を立てた修道者による婚姻の試みの事案がある。この婚姻には民法婚に限定されたものも含まれる。また、聖職者によって犯された十戒の第六戒に対する種々の犯罪もこの中に数えられる。

　教会法第 1394 条第 1 項は、「教会法第 194 条第 1 項第 3 号の規定が遵守されたうえで、民法婚に限定されたものであっても婚姻を試みる聖職者は、伴事的聖職停止制裁が科される。また警告を受けても改めず、躓きを与え続ける者は、段階的に剥奪によって処罰され、最終的に聖職者の身分から追放される」と規定している。

　ここで「婚姻を試みる」という表現が用いられるのは、聖職者は独身を守る法に基づいて（教会法第 277 条参照）、終生誓願を立てた修道者は自らが所属する会において行われた貞潔の誓いに基づいて（教会法第 654 条参照）、教会法上有効に婚姻を締結することができないからである。

　ただし、（上記の犯罪を犯した）聖職者が、法律それ自体によって、いかなる職務からも解任されることを規定する教会法第 194 条第 1 項第 3 号、ならびに同様の修道者が、その事実によって自らが所属する会から除名されることを規定する教会法第 694 条に含まれる行政的性

格を有する規定の効力は保たれる。

　教会法に規定されている法律上の犯罪として認められるためには、二つの要素が必要である。まず第一の要素は、婚姻の試みにおける二人のパートナーによる合意が、事実上の婚姻の合意でなければならないということである。この合意は、婚姻無効障害が存在するため、法律上当然無効ではあるが、それでも合意そのものとしては十分なものと認められる。もう一つの要素は、教会法上あるいは民法上の婚姻が、何らかの形式に則って確かに行われたという事実である。

　教会法第1395条は、聖職者による、十戒の第六戒に対する種々の犯罪を取り扱っているが、以下の三種類の事例がこの犯罪に該当するものとみなされる。

　1.　内縁関係（concubinatus）、すなわち、一定の安定した婚姻外の関係を持ち、聖職者が「夫婦のごとく（more uxorio）」女性と共に生きること。これは一時的な関係とは区別されるべきであるが、必ずしも一つ屋根の下に常に一緒に生活していることは必要とされない。

　2.　聖職者が、十戒の第六戒に反する他の犯罪を犯すことによって躓きを起こすこと（例えば、同性愛者と犯された十戒の第六戒に反する犯罪など）。

　3.　十戒の第六戒に対して犯される他の犯罪で、加重事由のある具体的情状を伴うもの。すなわち、暴力や脅しを用いて行われたもの、公然と行われたもの、あるいは16歳（18歳）以下の未成年に対して行われたもの等。

　聖職者省は、教理省の管轄権を認めたうえで、これらの事例においてしばしばこうした犯罪に問われる聖職者たち——司祭および助祭——が、度重なる警告に対しても改心する意思を少しも示さず、また聖なる叙階に由来する義務からの免除を申し出ようともしない実態があることを把握している。こうした事例においては、聖職停止制裁な

らびに教会法第 1044 条第 1 項第 3 号が規定する、授けられた職階の
行使に対する不適格による制限だけでは、躓きを修復し、正義を回復
し、犯行者を更生させる（教会法第 1341 条参照）のに十分かつ適切で
はないことは明らかである。そのため、聖職者の身分からの追放だけ
が、真に教会共同体にとって適切な正義の回復の手段となる場合があ
る。

第二の特別権限について

　教皇は、教会法第 1399 条が規定する事案に聖職者省が介入する特
別権限を同省に付与している。この規定は、刑罰を規定するいかなる
法律または命令が存在しなくとも、神法または教会の法の、故意また
は過失による外的で重大な犯罪に問われ得る違反は処罰を免れないと
するもので、次の二つの条件において適用される。すなわち、違反が
著しく重大である場合、同時に躓きを未然に防ぐか収束させる必要が
ある場合である。これは、教会が持つ独特な本性と固有の目的を顧慮
した教会法第 221 条が認める処罰の合法性についての原則を補足する
ものであり、これと矛盾することのない一般的性格を有する原則であ
る。この教会法第 1399 条の規定は、とりわけ重大かつ緊急性を有す
る事案において、魂の善益の優先性を念頭に置いて対処しようとする
ものであるが、同条が規定するこうした事情においては、その処罰は
任意でありかつ不確定であるため、上級上長または裁判官の自由裁量
に任されている。これらの者は、通常こうした事例において永久的な
刑罰を科すことも、あまりに厳し過ぎる罰を与えることもできない。
しかしながら使徒座は、こうした状況において裁治権者がしばしば使
徒座に直接働きかけるように、あるいは彼らの決定が使徒座において
承認されるように要請してきた。そうすることで裁治権者たちは、よ

り効果的に、かつ権威をもって問題に対処することが可能となり、状況の特殊性ゆえにそれが必要とされる場合には、聖職者の身分からの追放を含む永久的な処罰をも科することができるのである。

　神法または教会の法の外的な違反の例としては、教会法第273条から289条において定められている聖職者の義務と権利についての規定をその対象とすることができる。なぜなら、こうした規定の違反は、具体的な処罰こそ定められてはいないものの、教会の法の違反であることには変わりがないからである。

　聖職者は、教皇ならびに自らの裁治権者に対して敬意を払い、彼らに服従する特別の義務を有する（第273条）。聖職者は、正当な妨げがない限り、自らの裁治権者によって託された任務を受け入れ、忠実に遂行しなければならない（第274条第2項）。また聖職者は、独身を貫かなければならない（第277条第1項および第2項）。

　聖職者は、聖職者の身分にある自らの義務と両立が不可能な事柄を目的として活動する会、あるいは所轄の教会権威者によって託された任務の忠実な遂行を妨げる活動を行う会を創設したり、これに参加したりすることは禁止される（第278条第3項）。

　聖職者は、自らの裁治権者による、少なくとも推定的な許可なしに、長期間にわたって自らの教区から離れることはできない（第283条第1項）。

　服装の義務として、聖職者は教会の職務を担う者としてふさわしい衣服（habitus ecclesiasticus）を着用しなければならない（第284条）。

　聖職者は、その身分に馴染まないすべての事柄を避けなければならず、またそれが低俗なものでなくても、聖職と無関係な事柄を避けなければならない（第285条第1項および第2項）。特に、聖職者が国家権力の行使への参与を伴う公職に就くことは禁じられる（第285条第3項）。さらに聖職者は、自らの裁治権者の許可なしに、信徒の財産

管理ならびに、決算業務の義務を伴う世俗の職務に関与してはならない。また、自らの財産に関するものであっても、裁治権者に相談せず保証人となることは禁じられている。同様に、明確な理由のない債務支払いの責務を伴う約束手形に署名することも禁止される（第285条第4項）。そして、聖職者が教会権威者による正当な許可なしに、自身によってまたは他者を通じて営利目的の活動ならびに商業活動を行うことは、自らの利益のためであろうと他者の利益のためであろうと禁じられる（第286条）。

聖職者は、教会権威者が教会の権利の保護あるいは善益の促進から要請されると判断しない限り、政治政党における積極的な活動ならびに組合の指揮を執ってはならない（第287条第1項および第2項）。

聖職者ならびに聖なる叙階の秘跡を受けることを願う者は、自らの裁治権者の許可なしに志願して兵役に就くことはできない（第289条第1項）。

さらに別の例として、聖職者が婚外子の実の父であるといった事例を挙げることができる。聖職者が父として婚外子を持つことになった犯罪とみなされる客観的事実に関しては、以下の仮説が考えられる。

1. 父となる前または後に、民法婚に限定されたものであっても婚姻の試みがあった場合については、教会法第1394条は、「民法婚に限定されたものであっても、婚姻を試みた聖職者は伴事的聖職停止制裁を受ける。また警告を受けても改めず、躓きを与え続ける者は、段階的に剥奪によって処罰されるか、最終的に聖職者の身分からの追放をもって処罰され得る」と規定している。それゆえ、この事例において、司教は聖職者の身分剥奪の処分を行う可能性を真剣に考慮する必要がある。したがって、三名または五名の裁判官からなる法廷による裁判手続きを開始しなければならない。

2. 父となる前、またはそれと同時期に内縁関係があった場合につ

いては、教会法第1395条第1項は、「(当該聖職者は) 聖職停止制裁によって処罰されるが、警告を受けた後も犯罪が続けられている場合は、段階的に別の処罰が加えられ、聖職者の身分からの追放が科せられることもある」と規定している。それゆえ、この事例において、司教は聖職者の身分からの追放の処分を行う可能性を真剣に考慮する必要がある。そのため、三名または五名の裁判官からなる法廷による裁判手続きを開始しなければならない。

3. さらに、妊娠の原因が、「暴力あるいは脅迫を伴って、または公然と行われたものであった場合、あるいは16歳 (18歳)[33] 以下の未成年に対するものであった場合、当該聖職者は適正な処罰を受ける。その際、場合によっては聖職者の身分からの追放もあり得る」(教会法第1395条第2項)。したがって、この事例においても、教理省の管轄権[34] を認めたうえで、司教は聖職者の身分からの追放の処分を科す可能性を真剣に考慮する必要がある。したがって、三名または五名の裁判官からなる法廷による裁判手続きを開始しなければならない。

4. しかし、実の父として婚外子を持つに至ったのが、一時的かつ偶然の関係の産物であった場合、教会法にこれを犯罪とみなす規定は存在しない (教会法第1364条から1398条を参照)。しかしこのことは、教会法第1399条が規定する、神法または教会の法に対する重大な外的な違反であることに変わりはない。したがって、第二の特別権限に該当する事案として聖職者省の介入が行われる可能性がある。

---

(33) 本書参考資料にある教皇ヨハネ・パウロ2世の自発教令『諸秘跡の聖性の保護 Sacramentorum sanctitatis tutela』に付随する教理省の 『より重大な犯罪に対する規則』の第6条第1項において、この犯罪の年齢は18歳と定められたため、現在、教会法第1395条第2項の規定は、18歳以下を対象するものと解釈される。

(34) 教皇ヨハネ・パウロ2世、自発教令『諸秘跡の聖性の保護 Sacramentorum sanctitatis tutela』に付随する教理省の 『より重大な犯罪に対する規則』の第6条第1項を参照。

手続きの実施と前提条件

　上記の手続きを実施することができるのは次の者である。

　1. 聖職者の入籍先の裁治権者。

　2. 聖職者が現在居住する地区の裁治権者。ただし、この者の入籍先の裁治権者に対して、既に行われた犯罪を提示して手続きを行う承認（委任状）を得る必要がある。

　奉献生活の会・使徒的生活の会の上級上長のうち、教会法第134条第1項が規定する裁治権者に該当しない者は、所轄の地区裁治権者に問い合わせなければならない。

　手続きは以下の二つの段階において行われる。

　① 地方教会の段階——犯罪を犯した聖職者が入籍している教会管轄地区、もしくはこの者が現に居住する地区において実施される。

　② 使徒座の段階——使徒座において実施される。

　裁治権者が上述の特別権限の適用を請願する際、事前に必要とされる必須条件は、通常の手続き、すなわち恩典の申請または刑事裁判による解決が不可能であるかそれに重大な困難を伴う場合とされる。

　手続きのうち、地方教会の段階で実施される調査においては、以下の事項を確認しておく必要がある。

　Ⅰ. 問題となっている聖職者が、聖職者の身分に由来する義務の免除を申請することが、客観的あるいは主観的に不可能であることの提示。

　Ⅱ. 犯行者を反省させ不服従を改めさせるために裁治権者によって行われた司牧的な試み、ならびに教会法に則った措置の実施およびその結果に関して概要を文書にまとめること。

　Ⅲ. 具体的な事案において、その地区で教会法上の刑事裁判の実施

を阻む、重大な困難を示すこと（教会法第1342条第2項、第1425条第1項第2号）。

特別権限は自動的に適用されるわけではなく、特定の幾つかの事例に限って、使徒座の慎重な判断に従って適用される。したがって手続きの地方教会での段階は、いずれの場合も事案に対する特別権限の適用を求める裁治権者の請願書（petitio）の作成によって終了することとなり、この請願は使徒座の自由裁量によって承認される。

地方教会での第一および第二の特別権限適用のための手続き

第一および第二の特別権限の適用のための手続きは、教会法では、一般的には行政手続きに関する条文（第35条から第58条参照）、より具体的には刑事的行政手続きに関する条文（教会法第1342条全項、第1720条）によって規定される。

教会法における刑事訴訟は以下の二つの段階において行われる。

第一段階では、事前調査すなわちある人物が犯したとされる犯罪の証拠が、根拠のあるものなのかどうかを秘密裏に検証することを目的とした行政的性格を有する事前調査が実施される。

第二段階では、行政的性格を有する真正な手続きで正式な取り調べを実施し、刑罰に関する決定または無実の認定が下される。

事前調査に関して、教会法第1717条第1項は次のように定めている。「地区裁治権者は、犯罪が行われたことに関して少なくともその可能性があるという知らせを受けた際には、慎重に自らまたは適切な人物を通して、事実関係、状況、刑事責任の可能性に関して調査を行う。これは、こうした調査が絶対的に不必要であるとみなされる場合を除いて実施される」。

上に引用した規定に基づいて、裁治権者は、自らまたは適切な人物

を通して事前調査を実施することができる。その際、任用される人物は、男性か女性か、聖職者か信徒かの区別を問わない。そのため裁治権者は、裁判官、公益保護官、裁判所のその他の構成員等、適切とみなされるいかなる人物にもこの任務を委ねることができる。しかし、司祭の評判が問題となっている事案においては、事前調査においても、調査を委任される人物は同じく司祭であることが望ましい（教会法第483条第２項）。

　この調査においては、二つの要素について検証する必要がある。まず客観的要素、すなわち処罰の対象となる法あるいは命令に対する実質的な外的違反について、次に主観的要素として、故意または過失によって被疑者が重大な刑事責任を問われるかどうか、その可能性について検証する。しかし、ここで犯罪に関する情報の根拠を検証することは、すなわち犯罪ならびにその刑事責任に関する確証を得ることを意味するわけではない。処罰の対象となる法または命令の違反、ならびに当該人物に刑事責任が存在すると、ある程度の確実性をもって言うに足りる要素が確認されて初めてこうした根拠があると言えるのである。

　事前調査は、事実関係があまりにも明確であるために調査がまったく不必要であるとみなされる場合には省略される。

　この調査は、何者の評判をも危険にさらすことのないよう、慎重かつ秘密裏に実施されなければならない（教会法第1717条第２項参照）。

　さらに、そうした事情の本性そのものから生じる機密性は、いうなればごく当たり前の秘密に類する。

　調査結果に悪影響が及ばぬように、調査は、被疑者に気づかれないように実施される。ただし、被疑者本人に情報や説明を求めることが有益である場合はこの限りではない。

　教会法第1717条第３項の規定によると、調査を実施する者は、教

会法第1428条第3項が定める、裁判における聴取官と同じ権限と義務を負う。「聴取官は、裁判官の指示に従って証拠を収集する任務のみを負う。収集された証拠は裁判官に提出される。聴取官は、任務遂行中に、どのような証拠をどのような方法で収集するかについて、問題が生じた場合、裁判官の指示が異なる場合を除いて、自らこれを決定することができる」。調査を実施する人物は、任務が完了した際、収集された証拠ならびに関連記録を、報告書と併せて裁治権者に提出する。いずれの場合も、裁判を行うかどうか、または行政手続きを行うかどうかの判断を行うことができるのは、裁治権者だけである。裁治権者は調査を委託した代理人によって提出された文書記録に従う義務はない。事前調査を行った者は、調査に続いて裁判手続きが行われる場合には、裁判官としてこれに参加することができない（教会法第1717条第3項）。しかし、刑事的行政手続きが行われる場合は、上述の禁止事項は存在しない。それゆえ裁治権者は、法務代理を含む事前調査を実施した者に対して、公正性のためそれが適切でないと判断されない限り、裁判に拠らない手続きを彼らに代行させることができる[35]。

　教会法第1718条の規定では、裁治権者は、情報が十分に収集されたと判断される場合、以下に示す三つの手段のいずれかを取る。

　1. 事前調査によって被疑者の無実が明らかとなった場合、この者を完全に無罪放免とし調査を終了する。

　2. 被疑者の有責性に関する証拠が不十分である場合、調査を中止する（調査資料を書庫に入れる）。ただし、この者を監督する裁治権者の義務は継続し、教会法第1339条第1項の規定に従った正式な警告

（35）Cf. Congregazione per il Clero, *Lettera circolare…cit.*, 230; can. 1738; *Pastor Bonus*, art. 183; *Regolamento Generale della Curia Romana*, art. 122.

を行う。

　3.　告発が根拠を持つものであることが判明した場合、被疑者に対する司法手続きまたは行政手続きを開始する。その際、こうした手続きは、教会法第1341条の規定に従って、「兄弟愛に基づいた矯正、戒告、司牧的配慮に基づくその他の手段によっても躓きが十分に修復され、正義を回復し、犯行者の反省を促すことが不可能であることが明らかとなった場合」にのみ実施することができる。

　裁治権者は常に、自らが先に発した決定とは異なる決定を発する必要が生じた際は、その取り消しまたは変更を行い、新しい決定を発することができる（教会法第1718条第2項参照）。

　いかなるものであれ、裁治権者は、決定を発する前に熟慮のうえでそれが適切であるとみなされるなら、二名の裁判官または他の法律の専門家に意見を求めることができる（教会法第1718条第3項）。

　調査記録および裁治権者の決定書、調査の開始からその終了までに使用された資料、ならびに調査以前に遡るすべての記録は、刑事裁判または刑事的行政手続きにおいて必要とされなければ教区本部の秘密文書保管所に保管されなければならない（教会法第1719条参照）。裁判手続きまたは裁判に拠らない手続きが実施され、これらの資料が必要とされる場合、すべての記録および決定書は、訴訟記録の一部となり、公文書の扱いとされる。

　したがって、犯罪に関する情報が根拠あるものとなった時、裁治権者は決定を発することによって、第一または第二の特別権限適用のための手続きを行い、教会法第1720条の規定にしたがって手続きを開始する。

　教会法第1720条は、次のように規定している。「裁治権者は、裁判に拠らず決定を発することで対処する必要があるとみなした場合、

　(1)　被疑者に対して、告発について、またその証拠があることを知

らせ、自己弁護の機会を与える。ただし、被疑者が正当に召喚された
にもかかわらず出頭しなかった場合はこの限りではない。

(2) すべての証拠ならびに動機を二名の補佐官と共に慎重に審査す
る。

(3) 違反が確証され、その犯罪行為がなおも続いている場合、第
1342 条から第 1350 条までの規定に従って決定を下す。その際、法律
上ならびに事実上の理由を、少なくとも手短に述べる」。

教会法第 1720 条に則った手続きを開始するためには、裁治権者の
決定書に以下の要素が含まれている必要がある。

・事前調査が完了していること（教会法第 1717 条から第 1719 条参照）。

・起訴条項（罪状）の提示。

・教会法第 1720 条第 2 号に則った二名の補佐官の任命書。

・調査官の任命書。

・公証官の任命書。

このような裁判のうち、「司祭の評判が問題となっている場合」（教
会法第 483 条第 2 項参照）、公証官および裁判に従事する者は司祭でな
ければならない。

調査官は、被疑者である聖職者に対して、裁治権者が裁判開始のた
めに発した決定を通知する。

同時に調査官は、被疑者である聖職者に対して尋問を行うため、さ
らにこの者が自らの抗弁書を提示することができる旨を伝える召喚状
を送付する。

召喚状には、被疑者が裁判においてこの者を介添えする、信頼の
おける弁護人を任命する権限を有する旨が通知されている必要があ
る[36]。

---

(36) Cf. Congregazione per il Clero, *Lettera circolare per l'applicazione delle*

　なお召喚は繰り返し行うことができる。

　この手続きにおいては公益保護官の介入は行われない。

　指定された日時、場所に出頭した当該聖職者は、公証官の立ち会いの下、調査官によって行われる審問において、告発内容に対して回答する。

　法と倫理に関する最古の原則「何人も自身を罪に定める義務はない（Nemo tenetur prodere seipsum）」に基づいて、「被疑者は――教会法第1728条第2項の規定によって――犯行を告白する義務を持たず、また宣誓を強要されることもできない」。この条項は、裁判について規定されているように見受けられるが、裁判に拠らない手続きにおいても、その本質には違いがないことから適用されなければならない。

　調査官は、容疑をかけられた聖職者が、今もって犯罪の原因となった行いを継続する意思を持っているかどうか、さらに独身の義務の免除という恩典を申請するかどうかを確認する。独身の義務の免除の申請を選んだ場合、その手続きを通して聖職者の身分を喪失することになる。

　被疑者に対しては、自ら証拠を検証し抗弁書を提示できる機会が認められなければならない。その際、文書による抗弁書の提出期限が設けられる。

　被疑者に審問を行う者は一名以上であってもよい。

　被疑者が、指定の日時、場所に出頭しないものの、調査官に対して真正な陳述書を送付し、その中で起訴事実および証拠に対する自らの認識、ならびに独身の義務を含む聖なる叙階に由来する義務の恩典による免除を申請せずに不正な行為を続ける意思について述べている場

---

tre *"Facoltà speciali" concesse il 30 gennaio 2009 dal Sommo Pontefice* (con nota di F. Pappadia, *Ambito e procedimento di applicazione delle Facoltà speciali della Congregazione per il Clero*), in *Ius Ecclesiae*, vol. XXIII, 1 (2011) 246-247.

合（教会法第483条第1項、第1540条第1項参照）、こうした陳述書は審問に相当するものであるとみなされ訴訟を継続することができる。

　もし被疑者が、正当に召喚されたにもかかわらず出頭せず、また調査官に対して真正な陳述書の送付も行わない場合、自己弁護権を放棄するか、または少なくとも放棄するかのように振る舞ったものとみなされて訴訟は続行される。いずれの場合も、繰り返しこの者を召喚することが望ましいが、この者が出頭しなかった事実は訴訟記録として記録されなければならない。調査官は、被疑者の法廷不出頭を宣言し（教会法第1592条から1595条参照）、訴訟を続行するようにはからう。

　しかしながら、

・当該聖職者が審問において、または調査官に送付した真正な陳述書において、独身の義務の免除を申請する場合、刑事訴訟から恩典を求める通常の免除手続きへと移行する。

・当該聖職者が尋問において、または調査官に送付した真正な陳述書において、悔い改めの意思を表し、聖務を再び行うことを認めてもらえるように行いを改めることを誓うならば、裁治権者は、この者が不服従を止めたことを確認したうえで、この事例に関する措置を定め、裁判の中止を命じることができる（教会法第1339条、第1340条、第1347条ならびに聖座への資格回復の請願等を参照）。ただし、躓きが修復され、正義を回復するために、やはり処罰を与える必要があるとみなされる場合はこの限りではない。

　さらに調査官は、任務遂行上あるいは当事者の申請により、審問書ならびに証人、告発者、被害者の供述書をそろえる。供述書には、規定に則って通知された召喚状の写しを添付する。

　また調査官は、任務遂行上あるいは当事者の申請により、必要に応じて文書資料ならびに鑑定書を収集する。

　証拠の収集が完了したら、調査官は調査完了の文書を作成する。

　この文書には、実施した調査に関する調査官自身の意見書および彼が所轄の裁治権者へ訴訟記録をすべて送付した旨を証明する文書を添付する。

　これを受けて裁治権者は、決定書を出して二名の補佐官を召喚し、証拠を評価するための審議を行う（教会法第 1720 条第 2 号参照）。

　証拠評価のための審議内容は議事録にまとめられ、裁治権者および補佐官がこれに署名する。議事録には、各起訴条項（罪状）の評価および各補佐官の意見を記すものとする。

　証拠評価の審議が行われた後、証拠評価の審議実施に関して、訴訟の開始を決定した裁治権者は、自身の意見書を作成する。この文書には、問題となっている事案の詳細ならびに各起訴事実に関する法律上、事実上の論証を盛り込むものとする。

　ここで、聖職者の入籍先の裁治権者の請願書（petitio）の作成が求められる。この文書をもって、使徒座に対して、第一あるいは第二の特別権限適用の請願が行われ、これと同時に一連の関係文書を聖職者省へ送付することになる。

　この請願書には以下の事項が含まれている必要がある。

・聖職者の履歴書（curriculum vitae）ならびに叙階証明書。

・聖なる叙階に先立つ評価票（scrutinia）の写し、ならびにこの聖職者の養成時期における他の関連記録。

・恩典の申請または刑事裁判といった通常の手続きを実施することの不可能性、または、その実施に伴う重大な困難に関する報告書。教会法が規定するすべての措置に関する記録、ならびに不服従の聖職者を改心させるべく裁治権者が行った司牧的試みに関する記録（教会法第 1339 条、第 1340 条第 1 項、第 1331 条から第 1333 条参照）を添付する。

すべての収集された文書を秩序立てて整理し、製本してページ番号

と目次を付した記録は、公証官から真正なものであることの認証を受け、その複製三部を聖職者省に送付するものとする。その際、判読の困難な手書きの文書を送付してはならないが、どうしてもそれが重要であると考えられる場合は、これをタイプし直したものを添付する。判読の困難な複写資料についても同様の扱いとする。

使徒座の段階における第一および第二の特別権限適用の手続き

聖職者省は、訴訟関連記録一式を受け取った後、以下のことを実施することができる。

1. 恩典による免除手続きをするよう差し戻す。
2. 調査の補足または追加を要請する。
3. 補足調査を要請せず事案を受理する。
4. 手続きの継続が不適切であることを通知し文書を返却する。

聖職者省が事案を受理した場合、そのことは被疑者である聖職者に対して通知される。その際、手続きに参加するかどうかの意思の表明のために適当と思われる期限も併せて通知される。この期限内に、被疑者は不当にも自分が罪に問われていると考えるならば、本人自らあるいは信頼のおける弁護人を通して、上級権限者（聖職者省長官）に、起訴に対してまた入籍先の裁治権者が下した判断に対して異議申し立てを提起する。その際、新たな証拠や文書資料、抗弁書があれば併せて提示する。

続いて聖職者省の全体会議[37]において行われる審議によって以下の決定がなされる。

---

(37)『教皇庁一般規定 *Regolamento Generale della Curia Romana*』第102条から第104条参照。

・犯罪に関する情報が根拠のないものとみなされる場合、訴訟を中止する（訴訟記録を書庫に入れる）。

・被疑者が無罪であるか、処罰が不可能である場合、または犯罪が時効となっている場合、この者を無罪放免とする。

・永久的な刑罰である聖職者の身分からの追放を科すべく、第一または第二の特別権限を適用する。同時に、独身の義務の免除のため、「特別形式での承認ならびに決定」を求めて教皇に事案を報告する。

　聖職者の身分からの追放ならびに独身の義務の免除を命じる教皇の答書は、聖職者省によって所轄の裁治権者に通知される。裁治権者は当該聖職者にこれを通知しなければならない。

　最高権威者（ローマ教皇）の決定に対する控訴または上告は認められない。しかし、聖なる職務を再び行うための恩典による資格回復を請願することだけは可能である。

第三の特別権限

　第三の特別権限は、厳密に処罰の対象となる著しい違反とは異なる事例を想定したものである。この事例として想定されるのは、聖職者が意図的にかつ不法に5年以上聖なる職務から離れている（職務放棄している）という事態である。実際、そのこと自体は客観的要素として考えられるものの、聖職者の身分から離れることに関して、聖職者本人の主観的意図がどうであるかについては、その事実からは推定されるだけにとどまる。

　そのため、当該聖職者が入籍している所轄の裁治権者は、聖職者によって客観的に表示された意図を、既に完了した事実から（ex concludentibus factis）解釈する務めを負っていることから、聖職者の

身分の喪失と独身の義務の免除を認める恩典を与える教皇の答書を
もって、客観的に聖職者が表明した意図を確定し、それを「宣言す
る」ように要請されるのである。

　この第三の特別権限の規定は、現行の普遍法には本質的な違反規定
が存在しない事案の手続きを聖職者省が取り扱うことについてロー
マ教皇の事前承認を伴うもので（使徒憲章『パストル・ボヌス *Pastor
Bonus*』第18条参照）、「第三者のための答書（rescriptum pro alio）」（教
会法第61条、第290条第3項参照）の教義形式と適確に結び付けられ
るべきものである[38]。

地方教会での第三の特別権限適用のための手続き

　地方教会での第三の特別権限適用のための手続きは以下の規定に
従って行われる。

・2009年1月30日付の特別権限を認める文書と共に教皇によって
　承認された8条からなる『手続き規則』。
・2010年3月17日付の書簡第2010 0823号所収の『手続きのため
　の指示書』。
・答書に関する教会法の条文。

職務を放棄した聖職者の入籍先の裁治権者は、慎重に検証を行った
結果、職務が連続して5年以上にわたって放棄され、意図的かつ不正
にこうした状態が継続されていることが明らかとなった場合、その聖
職者の身分の喪失ならびに独身の義務を含む聖職者の義務の免除を宣

---

(38) Cf. Congregazione per il Clero, *Lettera circolare per l'applicazione delle
tre "Facoltà speciali" concesse il 30 gennaio 2009 dal Sommo Pontefice* (con
nota di F. Pappadia, *Ambito e procedimento di applicazione delle Facoltà speciali
della Congregazione per il Clero*), in *Ius Ecclesiae*, vol. XXIII, 1 (2011) 246-247.

言する教皇からの答書を使徒座に対して要請することができる（『手続き規則』第1条）。

　これを実施するのは、聖職者の入籍先の裁治権者である（『手続き規則』第2条第1項）。

　所轄の裁治権者は、この手続きに関する取り調べを、恒常的にまたは事案ごとに、自らの教区または別の教区に属する適切な司祭に委ねることができる（『手続き規則』第2条第2項）。

　この手続きにおいては、公益を守る必要があることから常に公益保護官が介入しなければならない（『手続き規則』第2条第3項）。

　それゆえ、以下の書類が作成されなければならない。

・調査官ならびに公証官を任命する決定書。

・公益保護官を任命する決定書、または裁治権者の裁判所において常任の公益保護官が存在する場合は、この者に対する召喚状（教会法第1430条、第1436条第2項および『手続き規則』第2条第3項参照）。

　当該聖職者の入籍先の裁治権者は、使徒座に教皇の答書を求める際、聖職者による職務放棄が決定的なものであることについての社会通念上の確信を得ている必要がある。したがって、問題となっている聖職者が連続して5年以上職務を放棄している客観的事実に加えて、職務放棄の主観的要素、すなわちその意思、違法性、これを継続する意図をも考慮しなければならない。

　こうした社会通念上の確信を得るために、所轄の裁治権者は、聖職者本人の宣言がある場合はこれに基づいて、また証人の供述、評判、証拠等に基づいて、しかるべき検証を行わなければならない（『手続き規則』第3条）。

　問題となっている聖職者には、信頼に足る弁護人を任命することができる旨を通知しなければならない。また、「司祭の評判が問題と

なっている」ため、この手続きに参与する者はすべて司祭でなければ
ならない（教会法第483条第2項）。

　必要とされる文書ならびに調査記録は以下のとおりである。

　（a）聖職者に対する尋問書。召喚状は、聖職者の最新の住所または、
通知された連絡先に送付する。

　（b）聖職者に対する審問書と併せて、あるいはこれに代わる聖職
者本人による真正の宣言書。この中で、起訴事実および証拠に対する
自らの認識、ならびに独身の義務をも含む聖なる叙階に由来する義務
の恩典による免除を申請せずに、意図的かつ不正に職務を5年以上放
棄している状態をさらに継続する意図が述べられていなければならな
い（『手続き規則』第3条）。

　（c）聖職者に対する審問が実施されないか、聖職者本人による真正
な宣言が行われない場合、この者が行方不明であること、またはこの
者が召喚状の受け取りを拒否していることを証明する文書が必要とさ
れる。召喚状の受け取りの拒否は、すなわち起訴事実および証拠に対
する自らの認識、ならびに独身の義務を含む聖なる叙階に由来する義
務の恩典による免除を申請せずに、意図的かつ不正に聖務を5年以上
放棄している状態を継続する意思の表明を拒否したとみなされる（教
会法第1509条から1511条および『手続き規則』第3条）。こうした事例
において、調査官は教会法第1592条から1595条の規定に則った訴訟
における被疑者の法廷不出頭を宣言し手続きを継続する。

　（d）尋問書あるいは証人の供述書には、規定どおりに通知された
正式な召喚状の写しを添付する。

　（e）必要に応じて他の文書および鑑定書。

　いかなる文書も、郵便またはその他の手段によって到着が確実に通
知されなければならない。しかしながら、手続きが中断される幾つか
の原因が発生する可能性がある。

1.　まず、聖職者が独身の義務の免除を申請する意思があると宣言する場合、通常の恩典による免除手続きを行う。

2.　次に、聖職者が悔恨の意を示し、再び聖務に就けるよう資格回復のために自らの行いを改める意思を表明する場合には、二通りの可能性がある。

（a）裁治権者がこれを認める場合、事案について措置を行い手続きの中止を命じる（教会法第1339条、第1340条、第1341条、第1374条参照）。

（b）裁治権者がこれを認めない場合、職務放棄を教会法第1399条に則った重大な事案とみなし、第二の特別権限の適用に移行するよう命じることができる。この措置は、裁治権者が聖職者の行いを不服従とみなす場合、または躓きの修復ならびに正義の回復のためには処罰を科すことが必要であるとみなす場合に選択される。

「独身の義務を含む、聖なる叙階に由来する義務の免除を申請しない明確な意図が表明された場合、所轄の裁治権者が適当または必要であるとみなす場合、手続きの続行は阻止されない。事実、第三者に対して申請された教皇の答書は、別の理由が明白でない限り、『本人の同意に関わりなく得られ、その価値はこの者による受諾以前においても効果を有する』（教会法第61条参照）のである」[39]。

調査が終了した後、調査官は調査完了文書を作成し、適切な報告書を添えて裁治権者にすべての文書を送付する。

必要に応じて、実施した調査に関する調査官自身の意見書、ならびに訴訟に関するすべての記録を所轄の裁治権者へ送付したことを証明する文書を作成する。

訴訟に関連する文書記録は、裁治権者の任命した公益保護官が、自

---

(39) *Ibid.*, 249.

身の所見を意見書において表明することができるよう、公益保護官に
も閲覧可能とし、その旨を通知する。

　この時点で、手続きの開始を決定した所轄の裁治権者は、証拠の評
価に関して真実に基づいて自らの意見書を作成する。この文書には、
事案の詳細ならびに各起訴事実に関する法律上、事実上の論証を盛り
込むものとする（『手続き規則』第5条参照）。

　各教区で実施される調査段階が終了したら、聖職者の入籍先の裁治
権者は、請願書（petitio）を作成する。この文書をもって使徒座に対
して第三の特別権限適用の請願が行われ（第1条参照）、同時に関係
文書を聖職者省へ送付することとなる（第6条参照）。

　所轄の裁治権者は、先に示された文書すべての他に以下の書類を使
徒座に送付する。

- 聖職者の履歴書（curriculum vitae）ならびに叙階証明書。
- 聖なる叙階に先立つ評価票（scrutinia）の写しならびに、この聖
  職者の養成時期における他の関連記録。
- 恩典の申請または刑事裁判といった通常の手段を実施することの
  不可能性、または重大な困難に関する報告書。教会法が規定する
  すべての措置に関する記録、ならびに意図的かつ不正に職務を放
  棄した聖職者を説得するために裁治権者が行った司牧的試みに
  関する記録（教会法第1339条、第1340条第1項、第1331条から第
  1333条参照）を添付する。

　すべての収集された資料を秩序立てて整理、製本して、ページ番号
と目次を付した訴訟記録は、公証官から真正なものであることの認証
を受け、その複製三部を聖職者省に送付する。その際、判読困難な手
書きの文書を送付してはならないが、どうしてもそれが重要であると
考えられる場合は、これをタイプし直したものを添付する。判読困難
な資料の写しについても同様の扱いとする。

使徒座における第三の特別権限適用のための手続き

聖職者省は、使徒座の段階の手続き開始時に以下のことを実施することができる。

1. 恩典を求める通常の手続きに差し戻す。

2. 調査を完全なものとするために、不足している資料を示し調査の補足または追加を要請する（『手続き規則』第7条参照）。

3. 使徒座の段階における手続きに事案を受理する。

4. 使徒座の段階における手続きの継続が不適切であることを通知し、文書を返却する。

使徒座の段階での手続きに事案が受理された場合、その旨が被疑者である聖職者に対して通知される。その際、本人自らあるいは信頼のおける弁護人（代理人）を通して手続きに参加する意図があるかどうかを表明するのに適当と思われる期限が併せて通知される。

聖職者省は、訴訟の形式上また内容上の正当性および妥当性を検証する。検証が終了した際、以下のいずれかを命じる。

1. 訴訟の中止（訴訟記録を書庫に入れる）。

2. 教皇へ事案を報告し、第三の特別権限を適用して聖職者の身分の喪失および独身の義務の免除を与える答書を求める。

聖職者の身分の喪失、ならびに独身の義務を含む聖なる叙階に由来する義務の免除を与える教皇の答書は、使徒座から所轄の裁治権者へ送付され、裁治権者は当事者にこの通知を行う（『手続き規則』第8条参照）。

教皇の答書に対する控訴または上告は認められない。唯一可能なのは、聖なる職務を再び行うための恩典による資格回復を請願することだけである。

結論

　最後に、教理省が 1971 年に司祭が信徒の身分への還元を自発的に申請する事例に対して公布した『規則（Norme）』に含まれていた条項を引用しながら結論としたい。特殊な事案を扱うこの規定の第 7 条「しかるべき当然の任務として実施すべき事柄」で主張されていることは、非常に印象深く、こうした特別権限の前提条件とみなすことができると思われる。条文の内容は次のとおりである。「聖なる叙階に由来する義務の免除を伴う、信徒の身分への還元を自発的に申請する司祭の事例を扱うこれらの規則で定められている事柄は、背徳的な生活あるいは教義の理解の誤り、または他の重大な理由によって司祭を信徒の身分に還元し、あわれみによってその義務を免除しなければならない事例に対して、必要な適応と調査を行ったうえで、これを適用するものとする。これは、この者が永遠の責め苦を受ける危険にこれ以上晒されることがないようにとの配慮から実施されるものである」。特別権限が適用される、こうした非常に痛ましい事例を扱うに際して、聖職者省は、まず正義とあわれみの心をもってこれを行うことを常に念頭に置いてきた。その際、本省が日々苦悩のうちにこの仕事を続けるうえで、「キリストの代理」としてこれを行うことにこそ価値があるのだということを思い起こしつつ、聖職者が永遠の責め苦を受ける危険に晒されることがないように助けたいという心の底から湧き起る動機に従いながら、彼らが信徒として教会の規律を遵守して生きることができるよう助けるために便宜をはかることを我々は目指しているのである。

2012 年

教皇庁聖職者省

次官補アントニオ・ネーリ

参考資料

（聖職者の身分喪失に関連する公文書資料）

教理省

『司祭の独身の義務の免除についての司教 ならびに総長への書簡』[1]

1. 教皇ヨハネ・パウロ 2 世は、1979 年の聖木曜に、教会のすべて の司祭に向けた書簡において、――彼自身、以前からよく言及してい たように――第二バチカン公会議の教えと、続く教皇パウロ 6 世の回 勅『サチェルドターリス・チェリバートゥス *Sacerdotalis caelibatus*』、 さらに 1971 年のシノドスによって示された教えに言及しながら、ラ テン教会における司祭の独身制は大いに尊重すべきものであると改め て明確に説明しました。

教皇は、司祭の独身制を、とりわけ福音書の教えと結ばれた非常に 重要な事柄として扱うべきであると言及しています。主キリストの模 範を背景として、また使徒の教えと教会の伝統と一致して、ラテン教 会は、叙階の秘跡を受けるすべての人が、この犠牲をも受け入れ、終 末的なしるしとしてだけでなく、「自身の職務に対して命じられた特 性として、自由であることのしるし」としても受け入れるように望ん できましたし、今もなお望んでいます。

実際、教皇は次のように述べています。「叙階の秘跡を受けるすべ

---

(1) Sacra congregatio pro Doctrina Fidei, Litterae circulares *Per litteras ad universos* omnibus locorum ordinariis et moderatoribus generalibus religionum clericalium de modo procedendi in examine et resolutione petitionum quae dispensationem a caelibatu respiciunt, Prot. N. 128/61s, 14 octobris 1980 in *AAS* 72 (1980) 1132-1135.

てのキリスト信者は、長年にわたる準備と深い熟考やたゆまぬ祈りの後に、十分な自覚と自由の下で独身の義務を引き受けるのです。受階者は、キリストが教会の善益と他者への奉仕のためにこの賜物を授けるのだという確固たる信念に到達した後に初めて独身生活への決断を下します。この決断は、教会によって定められた法によってのみ義務づけられるのではなく、個人的な責任によっても義務づけられることは明らかです。つまり、キリストと教会に立てた誓約の言葉を保つことが求められるのです。」その他の婚姻の絆で結ばれたキリスト信者は、──教皇が次のように付言しているように──「良い模範と、死に至るまで自らの召命に対して忠実であることの証」を司祭が与えてくれるのを期待する権利を持っているのです。

2. しかしながら、特に近年、時代の流れの中で、司祭たちが体験してきた困難は、彼らの聖なる叙階からもたらされる義務からの免除の申請、特に独身の義務からの免除の申請の数の多さによってもたらされてきました。こうした事実──このような仕方で教会に痛ましい傷をもたらし、教会の生命の源泉に深刻な打撃を与えたこと、また司牧者たちやキリスト者共同体全体に引き続き苦しみを引き起こしていること──が広範囲にわたって流布していたため、教皇ヨハネ・パウロ2世は、自らの最高の使徒的任務の初めから、こうした状況や原因に関する調査ならびに対処の仕方を明確にする必要性があると確信していました。

3. 実際、独身の義務の免除が、教会によって無差別的にすべての聖職者に認められるべき権利だとみなされるような事態は避けなければなりません。反対に、真の権利とは、聖職者が自らを差し出すことによって、キリストとすべての神の民に自らを与えたところのものと

考えられるべきです。それゆえこの権利は、聖職者が人生において直面し得る重大な困難にもかかわらず、自らの約束を忠実に守ることを期待するものなのです。また、独身の義務の免除が、時代の流れと共に、粗雑な行政手続きを行うことで自動的に得られるものだと思われるような事態に陥ることは避けなければなりません（教皇ヨハネ・パウロ2世『聖木曜日に教会のすべての司祭に向けた書簡』9項）。ここでは、あまりにも尊い多くの善益が関係し合っています。その善益とは、何よりもまず、それが自身の問題における唯一の解決策であり、これ以上その重みに耐えられないと確信して免除を申請する司祭個人の善益です。次に自らの任務遂行のために絶対的に必要な司祭団の組織がそのような事態によって崩壊するのを許すことができない教会の全般的な善益が挙げられます。最後に部分教会の特別な善益があります。それは、教会において欠かすことのできない使徒的な力を可能な限り保つことに腐心する司教たちと彼らの司祭たちにとっての善益であり、同時に自分たちへの奉仕のために司祭の職務がその正当性と必要性とを持っていると考えなければならないすべてのカテゴリーの信者の善益でもあります。それゆえ、決して疎かにされることも危害を加えられることも、ましてや拒絶されることもできない正義と愛を守りながら、それらの善益を互いに結び合わせる多様な側面に注意を払うことが必要とされるのです。

4. そのため、個々人にとって悲しい状況をもたらすこの問題の複雑かつ多岐にわたる側面について正しい認識を持つと同時に、キリストの魂のうちにあるあらゆる事柄を考慮する必要性を念頭に置きながら、教皇は、多くの司教から情報や助言を与えられ、彼の協力者の助けのもとで、独身の義務の免除に関する申請の受理とその審査、解決について、確かな根拠に基づいた賢明な決断に到達できるよう十分な

考察を行うための時間を取ることを決めました。教皇が十分に熟考したその結果として、今ここで簡潔に説明される内容が決定されました。関係するすべての側面について入念な審査が行われるようにとの配慮が、定められるべき規則に着想を与えそれを生み出しました。今後は、この規則に基づいて、使徒座に判断を求めなければならない事案の申請に対して、以下に示す審査が義務づけられることになります。当然のことながら、この規則が、まさにそれによって命が与えられる司牧的な精神から分離したものであってはなりません。

5. 教理省は、使徒座に判断を求めなければならない申請内容として、司祭としての生活を既に長年にわたって放棄している司祭が、もはや元の状態には戻れないという状況の解決が望まれる事案と、それに加えて司祭叙階を受けるべきではなかった人々の事案も想定しています。それは、自由や責任に対して当事者が必要な配慮を欠いていたという理由によるものか、あるいは権限を有する上長が、適切な時期に、実際に神に奉献された独身生活を生涯貫く適性が候補者にあるかどうかを十分慎重に判断できていなかったという理由によるものです。

このような事案においては、司祭職の意義すなわち叙階の秘跡が持つ聖性、ならびにこれによって引き受けた義務の重大さを軽視するあらゆる軽率さが避けられなければなりません。それは、必然的に深刻な損害を引き起こすばかりか、嘆かわしい驚きと、多くの信者に確実に躓きを引き起こすことにつながるからです。それゆえ免除の動機は、幾つもの説得力のある理由を伴った確固とした根拠をもって示されるものでなければなりません。そもそも訴訟は、誠実さをもって進められるべきもので、信者の善益を守ることがその真の目的であるため、謙虚さとは異なる意識をもって提出された申請は、考慮に入れられることのないように注意すべきです。

6. ローマ教皇から委託されたこの重大な任務遂行において、教理省は、関係するすべての裁治権者から全面的かつ信頼に足る協力が得られることを確信しており、またこの件に関して必要とされるすべての支援を行う用意があります。同様に教理省は、教会と司祭の善益に奉仕するため、また司祭たちの霊的生活および信者共同体の霊的生活に貢献する対策を講じるため、この分野において必要な条件を整えることについて司教たちが抱く不安をよく理解しています。そのため、本省が提示した諸規則を、司教たちが注意深く遵守してくれるものと私たちは信じています。そもそも本省は、彼らのすべての司祭たち、とりわけ重大な霊的困難に直面している司祭にとって、霊的な父親としての役割を担う義務を忘れてはならないことを常に心に留めています。その際、私たちは、これらの者が主イエス・キリストとその聖なる教会のために叙階された日に引き受けた一連の義務をより容易く、そしてより大きな喜びをもって遂行することができるよう、確実かつ必要不可欠な支援を常に行い、また信念の揺らいだ兄弟に霊的な安らぎと信頼を取り戻させ、悔い改めを促し、最初の熱意に立ち戻らせるために、各事案に応じて、同僚、友人、親族、医師、精神科医らの協力を得ながら、主の御名の下で、あらゆる手段が試みられなければならないと心得ています（教皇パウロ6世、回勅『サチェルドターリス・チェリバートゥス』87、91項参照）。

7. この文書には、独身の義務の免除申請に際して、書類の準備において遵守しなければならない手続きに関する規則を付します。

当然の義務として、私たちはこれらのことを通達すると共に、私たちの主における愛をここに表明し、深い喜びのうちに皆様への心から

の敬意を表します。

ローマ

教理省公邸にて

1980 年 10 月 14 日

長官　フランジョ・セペル枢機卿

次官　ジェロム・ハマー（ドミニコ会）

ロリウムの名義大司教

教理省

『司祭の独身の義務の免除のための手続き規則』[2]

第1条　申請を受理し、訴訟を開始する管轄権を持つ裁治権者は、当事者の入籍先の裁治権者、あるいは聖座法の奉献生活の会の聖職者会員の場合は、会の上級上長である。

第2条　この規則に従って裁治権者が訴訟を開始することができない場合は、申請者が通常居住している地区の裁治権者がこれを行うことができる。あるいは、動機が正当なものである場合、教理省（現在は聖職者省）は、別の裁治権者を代理として任命することができる。

第3条　申請書には申請者の署名が必要とされ、申請者の氏名ならびに生年月日、住所、職業などの一般的な情報の他、この申請が根拠のあるものと認められる事実ならびに証拠を少なくとも大まかに述べる。

第4条　裁治権者は申請を受理した場合、念のため申請者の聖なる職階の行使を停止しなければならない。ただし、この司祭の名声を守るために、あるいは共同体の善益を保護するために、この者が聖務を行うことが絶対的に必要とみなされる場合はこの限りではない。次に

---

(2) Normae procedurales *Ordinarius competens* de dispensatione a sacerdotali caelibatu, Prot. N. 128/61, 14 octobris 1980 in *AAS* 72（1980）1136-1137.

裁治権者は、自らまたはこの任務遂行のために選ばれた賢明かつ信頼のおける司祭を通じて、この事案の調査を行う。調査には公証官を伴うものとし、記録の真正性を保証するものとする。

第5条　申請者が真実を語ることを宣誓した後、司教または調査官である司祭は、申請者に対して項目ごとに、前もって入念かつ厳密に準備された質問事項に従って審問する。可能であれば計画した時間を延長してでも聴取するか、あるいはさらなる書面による供述を請求する。さらに申請者から指示された証人または自ら率先して出頭する他の証人に対して尋問を行う。最後に、諸文書ならびに他の採用すべき証拠資料、また適切と判断される場合は、鑑定人の助言を収集する。

第6条　申請者への審問において、取り調べに必要かつ有益なすべての情報を得なければならない。すなわち、（a）申請者に関する一般的な情報、すなわち生年月日ならびに出生地、また以前の生活に関する情報、その者の素行、学歴、叙階確定前の評価票、さらに申請者が修道者である場合は、過去に行われた誓願の記録、また聖なる叙階を受けた日付ならびに場所、聖職者としての履歴。教会法および市民法上の法的身分および各種情報、（b）司祭職を離れることになった状況やその原因、さらに受諾した聖職者の義務を放棄することを可能とした状況。

第7条　調査を完了したら、すべての文書は証拠の評価を行う際に有益と思われる情報を添えて、複製三部を教理省（現在は聖職者省）に送付する。その際、記載事項の真正性の証明書ならびに、躓きを生じさせる危険性の不在に関しての裁治権者の意見書を添付する。

第8条　教理省（現在は聖職者省）は、事案について審議し、申請を教皇に提出するかどうか、調査を補完する必要があるかどうか、あるいは申請には根拠がないとしてこれを却下するかを決定する。

＊　　　　＊　　　　＊

●付録1　「申請者に対する質問例」

＊上記の教理省の文書『司祭の独身の義務の免除についての司教ならびに総長への書簡』が掲載されているバチカンの公文書資料集（EV 7〔1980〕565–567）の脚注には、参考資料として還俗を求める修道会の司祭向けの審問の例題が示されています。ただしこれは、審問についての正式かつ厳密な形式として定められているものではありません。この例題をもとに、長年教会で実施されてきた質問内容を以下の形にまとめました。ただし回答すべき内容がない項目については、当然、その問いに触れる必要はありません。なお回答を記録する際には、質問と対応していることを確認しなければなりません。また一言だけの回答は推奨されません。回答は、状況を詳しく説明するものでなければなりません。直接審問できない場合は、別の形式として、調査官の要求に従って当事者が書面で回答する方法も考えられます。

一般質問事項

〔1〕氏名、出生地、生年月日、住所。
〔2〕家族の民事的・経済的・宗教的な状況。家庭環境。どのような教育を受けたか。
〔3〕以下のことを行った場所と時期について。

a. 青年期の通学

b. 修練院での生活

c. 初誓願式

d. 哲学の勉強

e. 特別な勉強

f. 教員の研修

g. 神学の勉強

h. 司祭叙階

i. 第三修練期間

j. その他の特別な勉強

k. 学位の取得とその分野

l. 終生誓願とその内容

［4］叙階後、どのような仕事や職務を果たしたか。その場所と時期。

［5］修道会／神学校に入る以前に、身体的または精神的に重大な何らかの病を患っていたか？　養成期間中はどうであったか？　叙階後はどうだったか？　適切な治療を受けたか？　その結果はどうであったか？　家族に同様の病を経験した人はいるか？

［6］教会法上、また民法上の法的身分。

恩典申請の理由についての質問事項

［1］修道会／神学校に入る前の青年期に、家庭、学校その他全般で、人としてのあなたのバランス感覚と正常な発達を妨げる何らかの理由（物理的、精神的、宗教的な問題等）があったか？　聖職に反する何らかの兆候を持っていたか？

［2］修道会／神学校に入るという決断は慎重かつ、自由な意思によってなされたか、それとも両親や家族などの過大な影響、圧力

によるものであったか？

［3］初誓願式を受ける自身の決断は慎重であったか、それは自由な意志によるものであったか、責任ある決断であったか、表面的・感情的・受動的なものではなかったか？

［4］養成期間中や叙階前に、信仰生活や聖職者としての生活という選択に強い疑問や懸念を持っていたか？

［5］養成期間中や叙階前に、献身していく気持ちや信仰は弱まっていたか。例えば祈りやミサでの聖体拝領、共同生活、誓願と規律の遵守などについてはどうだったか？

［6］神学の勉強を始めたとき、自身が引き受ける責務、奉献生活や聖職についてどのような考えや意見を持っていたか？　聖職者に課される義務を十分に承知していたか？

［7］叙階前に重大な欠点を持っていたか？　清貧、貞潔、従順に関してはどうであったか？　心理的成熟、感情的成熟はどの程度であったか？　教会の教えや信仰の危機に関わる困難に関してはどう対処できていたか？

［8］養成期間中や叙階前に、自身の抱える困難について霊的指導者と正直かつ誠実な対話を行い、彼らから独身生活を受け入れる能力を自分が持っているかどうかを見定めてもらったか？

［9］現在の困難を理解するうえで役立つと思われるその他の事柄が養成期間中にあったか？

［10］自発的に、または修道院長／神学院長などの指導のもとで、叙階を見送るか、これを受けないことを真剣に検討したか？

［11］叙階のための宣誓書に署名をした際、完全な認識と自由、責任感、誠意のもとでこれを行い、その際に感情的になっていたり、名声を期待していたり、恐怖ないし他人の影響などを受けることなくこれを行ったか？

[12] 独身生活に関して感情面での養成は十分にバランスが取れた
　　ものであったか？　独身生活の義務の目的を完全かつ真剣に認識
　　していたか？　自由意志のもとでこれを受け入れたか？

[13] さまざまな義務を伴う聖職者への叙階を、単に養成期間の延
　　長線上にある成り行きのようなものとして受動的に受け入れたの
　　か？　それとも永久的な奉献への積極的行為として、自由意志の
　　もとで喜びを持ってこれを受け入れたか？

[14] 永久的な奉献という意識のもとで終生誓願を行ったか？

[15] 独身を守る義務の免除を望むに至った原因や状況は何か？
　　現在、情緒不安定、精神的な危機に直面しているか？　聖務を果
　　たすための真摯な努力を怠っていたか？　共同生活に問題を抱え
　　ているか？　不満や不安を抱えているか？　迷いや孤独の感覚は
　　あるか？　それには倫理的な問題が関係しているか？

[16] 問題を克服するためにどのような試みをしたか？　どれほど
　　の期間、これらの問題を抱えていたか？

[17] あなたの問題について、誰か（上長、霊的指導者、共同体の修
　　道士、医師など）に相談したか？　彼らからどのような助言を受
　　けたか？

[18] 自身の修道生活や聖職者としての生活において、上長や霊的
　　指導者のあなたの召命に対する判断は誤っていたと思うか？　ま
　　たその理由は何か？

[19] 現在、教会／修道院外に居住しているか？

[20] 聖職者としての仕事を既に放棄しているか？　それはいつか
　　らか？

[21] 独身を守る義務の免除を希望する意思は本当に固まっている
　　か？　この申請について、より明確に、深く再考することは可能
　　か？　この手続きが取り消し不可能であることを理解している

か？

[22] 自身の選択を決断するうえで、精神科医や心理学者に相談したり、治療を受けたりしたか？　それは誰であったか？　その結果はどうだったか？

[23] 一信徒の立場となってから生活を公正に送る現実的な見込みはあるか？

[24] 免除が認められた場合、婚姻契約を結ぶ意図はあるか？　それは直ぐに行いたいか？　日程は決まっているか？　それはいつか？　その女性は教会法の拘束を受けているか？　彼女は信仰を持っているか？

[25] 居住地域で、あなたが聖職者であるという事実は知られているか？

[26] あなたの状況および免除を受けるために提出された理由について、秘密裏に証言できる人はいるか？　彼らに審問できるよう、氏名、連絡先を提示することは可能か？

[27] 民法上または宗教上婚姻契約を結んだことはあるか？　それはいつのことか？　相手はカトリック信者の女性か？　彼女の法的立場はどうか、例えば民法上の離婚者で所轄の教会裁判所から婚姻無効の判決を得ているか？　つまり合法的に前の婚姻の絆から解かれているかどうか？　彼女は独身か？　彼女は信仰を持っているか？　あなたには既に子供がいるか？　あなたが今の状況を解決しようとする真の理由は何か？

[28] 他に付け加えたいことはあるか？

[29] 総本部／教区と使徒座において本件を審議するために上記の回答の内容が必要に応じて使用されることに同意するか？

日付、場所

申請者の署名
調査官の署名
公証官の署名

＊　　　　＊　　　　＊

●付録2「証人に対する質問例」

＊証人は証言を行う際、以下のような問いに答える必要があります。書面で回答する場合は、各回答の前に対応する質問項目を書き加えるようにします。

[1] 証人の氏名、洗礼名、生年月日。

[2] 職業、自宅住所。

[3] 証人と申請者との関係（例えば友人、親族など）。

[4] 質問への回答において真実を述べることを神の前に誓うか？

[5] 申請者と知り合ってどれほど経つか？　彼をよく知っているか？

[6] 申請者の家庭環境を知っているか？

[7] 申請者が修道生活および司祭生活に入ったのは自発的で自由意志によるものであったか、または暴力や何らかの圧力によるものであったか知っているか？

[8] 申請者の能力や性格について知っていることは何か？

[9] 申請者が身体的または精神的な何らかの重病を患ったことがあるか知っているか？

[10] 申請者は社会的・宗教的に他者との共生を特別苦手としておらず、よく人付き合いをし社交的であったか？

［11］申請者が養成期間中に正しく振る舞い、良心と平静な心を
　　　もって修道生活や聖職者としての生活に入ったかどうかを知って
　　　いるか？

［12］彼は上長、指導者および同僚から尊敬されていたか？

［13］彼が上長や霊的指導者と率直に語り合っていたかどうか知って
　　　いるか？

［14］彼が修道者・聖職者の使命に関して深刻な困難を抱えていた
　　　かどうか知っているか？

［15］修道誓願や叙階以前から彼を知っている場合、彼は十分な人
　　　格的・精神的成熟のもとで誓願を立て、叙階を受けたと思うか？

［16］申請者は聖職者としての務めを果たすうえで、どのような振
　　　る舞いをしていたか？　彼は自身の共同体の使徒職の不可欠な一
　　　員となることについて満足し、それに熱心な様子であったか？

［17］職務を果たす中で、彼が従順に関して何らかの問題を持って
　　　いたか知っているか？

［18］彼が情緒的な問題を抱えていたかどうか知っているか？

［19］彼が、自分が受け入れた義務の履行に対して何らかの深刻と
　　　言える不誠実な態度を取っていたかどうか知っているか？　彼の
　　　行動は信徒にとって躓きや驚きとならなかったか？

［20］司祭職の本性、聖なる貞潔すなわち独身を守る神聖な義務に
　　　対して過ちを犯したことを申請者が現在認めているか／過去に認
　　　めていたかどうか知っているか？

［21］彼がこれらの問題を抱えていた時に、適切な助言や警告を受
　　　けていたかどうか知っているか？

［22］申請者が女性と婚姻契約を結んだり同居したりしているかど
　　　うか知っているか？

［23］彼が職務を行った場所で人々が彼のことをどう見ていたか、

彼らが現在の彼のことをどう思っているか知っているか？

［24］修道生活と司祭職を離れるという申請者の決断はゆるぎなく取り消し不能なものであり、これが真摯な動機に基づくものであると思うか？

［25］申請者および教会の善を考えたとき、ローマ教皇が申請者に独身を守る義務や教会、信仰生活に関するその他の義務の免除を認めることは適切かつ賢明であると思うか？

［26］既述の回答に付け加えたいことはあるか？

［27］この事案を理解する助けとなる手紙や書類、何らかの証拠を所有しているか？

［28］独身を守る義務の免除手続きの一環として問われた質問に対して、申請者は真実を告白したと思うか？

日付、場所
調査官の署名
証人の署名
公証官の署名

典礼秘跡省[3]

『聖職者の義務の免除手続きのための必要書類』

司祭職階

1. 当該聖職者による、謙虚さと悔い改めの心に基づいて書かれた教皇宛ての申請書（petitio）。この中で当事者は、聖職を離れようとする主たる動機と、危機を乗り超え自らの職務を再開するために自身が歩んだ道に立ち戻ることが不可能であることの理由をまとめる。申請書には、申請者が自ら署名を行い、義務の免除のみならず、信徒の身分への還元（還俗）も同時に申請する。

2. 申請者の履歴書（curriculum vitae）。申請者の人生の歩み、養成課程、職務における重要な出来事とその日付と共に、この者が危機に陥り、職務を放棄するに至った理由をできる限り詳しく叙述し説明する。さらに、この者が取り返しのつかない状況に置かれているとみなされる場合は、その理由も明記する（履歴書は、免除の申請と共に、訴訟を開始するための請願書［libellus：訴状］の役割も果たす）。

3. 申請者に対して、免除を申請しないよう説得するために、教区

---

(3) Congregatio de Culto Divino et Disciplina Sacramentorum, *Collectanea documentorum*, LEV Città del Vaticano 2004, pp. 185-209. この文書は以前管轄権を持っていた典礼秘跡省が作成、提示したものだが、現在の管轄省庁である聖職者省は、これをそのまま引き継いでいるため現在も有効である。

の裁治権者または修道会の上長によって行われたすべての司牧的試み、ならびにこの者が危機を克服して公正な道に立ち戻り、聖職者としての活動・任務を再開することを目的として行われた支援について、その要約を記した文書。

4. 完全な任務放棄を決意した申請者が、免除の申請を自らの裁治権者に提出し、これが受理された時点で、この者の聖なる職階の行使が停止されたことを証明する文書。

5. 1980年10月14日に教理省によって公布された『本質的な規則』と『手続き規則』に則って任務を遂行する調査官ならびに公証官を任命する決定書。

6. 公証官の臨席のもと、申請者が真実のみを語る宣誓を行ったうえで、調査官によって申請者に対して実施された審問書。質問は、各項目について前もって入念に準備されるものとし、とりわけ叙階以前の養成時期にまで遡って調査する。そして職務の危機、放棄、および取り返しのつかない状況が生じることとなった理由として履歴書において述べられているすべての事項について特に入念な取り調べを行う。

7. 申請者および調査官によって示された証人の尋問書、またはこれらの者が記した供述書。申請者の両親ならびに親類、養成期間の上長および同僚、現在の上長および同僚等が証人となり得る。

8. 必要に応じて、養成期間またはその後に実施された医師、心理学者、精神分析家または精神科医による診断書または鑑定書。

9. 聖なる叙階を受ける前の評価票、ならびに申請者に関する養成施設の書庫にある入手可能なその他の記録。

10. 調査官の意見書。訴訟事案の評価、つまり免除を認めることが適切であるか、または有用であるか、あるいは不適切であるかに関して意見を要約して述べる。その際、調査において確認された申請の動機ならびに申請者個人の善益のみならず、教会全体および、教区または修道会、申請者の職務に委ねられていた人々の魂の善益をも考慮に入れる。

11. 訴訟の調査を決定した司教または修道会の上長の意見書。調査官によって提出された文書を読んだうえで訴訟事案そのものの評価について、ならびに免除が付与される可能性、適正さ、さらに免除の付与によっていかなる躓きをも生じさせる危険性がないかどうか意見を述べる。

12. 申請者が職務を放棄して以来、通常居住している地区において躓きを生じさせる危険性がないことを確認するための、当該地区の裁治権者による一般的な意見書。

13. もし申請者が相手の女性と民法上結婚している場合は、その証明書（民法上の婚姻証明書）、あるいはその婚姻の無効宣言もしくは離婚を証明する書類の写し。ただし書類は真正性の認証が付されたものであること。

注意：以上の文書は、収集された後、秩序立てて整理し、製本され、ページ番号と目次を付し、公証官によって真正性の認証が与えられた

後、複製三部＊を聖職者省に送付するものとする。その際、判読が困難な手書きの文書を送付してはならないが、どうしてもそれが重要であると考えられる場合は、それをタイプし直したものを添付する。判読困難な文書の写しについても同様の扱いとする。

＊申請者が40歳以下である場合は、訴訟記録の複製五部を聖職者省に送付する。

助祭職階

1. 現行の教会法および使徒座の慣行に従って、過渡的・永久的、教区・修道会の区別を問わず、助祭の聖職者の身分の喪失およびそのすべての義務の免除の申請は、「重大な事由によってのみ」（教会法第290条第3号）認められる。

申請書には以下の文書を含むものとする。

(a) 当該助祭による明示的な申請書。申請書は教皇宛てとし、申請に至った理由を簡潔に説明し、自筆の署名を付すこと。

(b) 申請者の履歴書。これには以下の説明を添える。

申請を行う理由の真摯さ、危機につながった事由とその経緯、その責任の所在（助祭自身にあるのか、または外的要因があればそれについて記載する）。

(c) 信徒の身分への還元と聖職者の義務からの免除を認めることが望ましいかどうかについての、またこの事実に関しての教区司教ないし上級上長または管区長の意見書。

(d) 養成期間や助祭職を務めていた期間の上長や指導者、同僚たちの証言あるいは宣誓証言。

（e）教区本部および会の管区本部の記録保管庫にある養成期間および叙階決定に至るまでの評価に関する記録（教会法第1051条）。

2. 自らの自由意志でこれを希望しない助祭を聖職者の身分から追放するには、裁判手続きが必要となる（教会法第1342条第2号を参照）。この場合、職務に対する適性の欠如のみならず、教会法が聖職者の身分からの追放の対象と定める犯罪を助祭が犯した事実を証明する必要がある。

（a）このような手続きを行う責任は、管轄権を持つ教区司教または修道会の上級上長が負う。

（b）裁判手続きの後、恩典による独身の義務の免除の申請を聖職者省に提出する（教会法第291条）。

聖職者省

『聖職者省に付与された特別権限について』

バチカン市国

2009 年 4 月 18 日

Prot. N. 2009 0556

各司教座の裁治権者である枢機卿および司教の皆さんへ

枢機卿、司教の皆さん

ローマ教皇は、去る 1 月 30 日に、本省に対して幾つかの権限を与えられました。この書簡の目的は、これらの権限についてその真正な意図をすべての裁治権者に明確に提示することであり、それと共に裁治権者が遂行すべき事柄を前もって規定することです。

本書簡は、聖職者の還俗の増加に特徴づけられる現代において、司祭としての真正な在り方とその使命に忠実であることに抗う考えを抱かせたり、そうした行動を起こさせたりする重圧の中にある多くの司祭たちの懸命な働きとその姿に敬意を表すと共に、全教会共同体の善益のために教会の規律を守り促進するという使徒の後継者たちの日々の務めを助ける必要性に応えたいという本省の切実な願いによって、各裁治権者に宛てて送られました。

1. 役務的祭司職は、使徒継承にその起源を持つもので、頭であり

牧者であるキリスト[4] の代理として働く権限と責任を形作る聖なる権能（potestas sacra）[5] が具備されています。そうした理解において、「司祭の宣教的な次元は、秘跡による頭であるキリストへの一体化から生まれます。それは結果として、教会の伝統が『使徒的な生活形態 *apostolica vivendi forma*』として特徴づけたところのものに、完全かつ心からの同意を伴うものなのです。これは、主イエスによって始められ、使徒たちによって実践された『新しい生活形態』、霊的な熱意をもった『新しい生』への参与に由来します。……確かに偉大な教会の伝統は、秘跡の効果を司祭個人の具体的な存在状況から独立したものとして適切に切り離し、それによって信徒の純粋な期待を正当に保護しています。それでも、この正統な教理上の解明は、すべての司祭の心中に真に宿るべき倫理的な完全さに向かう必要欠くべからざる緊張を取り去るものではありません」[6]。したがって司祭たちは、自らに委ねられた羊の群れの中にあって、唯一の大祭司であるキリストの生き方を体現し、彼を具現化することで、その存在を引き継ぐように求められています[7]。これは祈りと悔い改めによって育まれた献身の一

（4）教皇ヨハネ・パウロ2世『現代の司祭養成 *Pastores Dabo Vobis*』（1992年3月25日）第15項（*AAS* 84 ［1992］679-681）参照。さらに『カトリック教会のカテキズム』第875項、および聖職者省、信徒評議会、教理省、典礼秘跡省、司教省、福音宣教省、奉献・使徒的生活会省、法文解釈評議会の共同文書、Instruction on certain questions regarding the collaboration of the non-ordained faithful in the sacred ministry of Priest, *Ecciesiae de Mysterio*（1997年8月15日）in *AAS* 89（1997）860 を参照。

（5）第二バチカン公会議『教会憲章』第10、18、27、28項ならびに『司祭の役務と生活に関する教令』第2、6項、『カトリック教会のカテキズム』第1538、1576項参照。

（6）教皇ベネディクト16世『聖職者省の通常総会の参加者への教話』（*Allocution to the participants in the General Assembly of the Congregation for the Clergy*, 2009年3月16日）in *EV* 26/208.

（7）教皇ヨハネ・パウロ2世、使徒的勧告『現代の司祭養成 *Pastores Dabo*

貫した証によって形作られるもので、これこそあらゆる司牧的職務の力が向けられるべき真の到達点なのです。

2. このことはすべて、司祭の独身制の背後にある神学的動機を理解するうえで特に重要です。なぜなら司祭の独身制に関する教会の意志は、教会の頭であり花婿であるイエス・キリストを体現する者となる司祭叙階において担うことになる特別な独身の約束から生じる絆のうちに、その究極的な動機を見出すことができるからです。イエス・キリストの花嫁である教会は、彼女を愛した頭であり花婿であるイエス・キリストと共に、完全かつ排他的な仕方で、司祭によって愛されることを望むのです。したがって、司祭の独身制とは、それ自体、キリストと共にキリストのうちにある教会に対する賜物であり、また主と共に主のうちにある教会に対する司祭の献身を表すものなのです[8]。このような理由から、教会は第二バチカン公会議とそれに続く教皇の教導において、「ラテン典礼の教会における現在および将来の司祭叙階候補者が、生涯にわたって自由に選んだ独身を守る義務を要求する法を維持する確固たる意志」を繰り返し確認してきました[9]。より一般的に「使徒的な独身」（celibato apostolico）と呼ばれる司祭の独身制は、教会が賜物として受け取ったものであり、守り続けることを望むものなのです。教会は、教会自身のため、また世のために司祭の独身

Vobis』（1992年3月25日）第15項 in *AAS* 84（1992）679-681; *EV* 13/1226-1231 参照。

(8) 同書29項 in *AAS* 84（1992）704; *EV* 13/1297 参照。

(9) 同書、第二バチカン公会議『司祭の役務と生活に関する教令』第16項；教皇パウロ6世、回勅『サチェルドターリス・チェリバートゥス *Sacerdotalis Coelibatus*』（1967年6月24日）第14項 in *AAS* 59（1967）662; *EV* 2/1428; 教会法第277条第1項参照。

制が善いものであることを確信しています[10]。このため教会法第277条は、次のように規定しています。「(1) 聖職者は天の国のために完全かつ終生の貞潔を遵守する義務を有する。したがって、神の特別な賜物である独身を遵守しなければならない。この賜物によって聖職者は心を分かつことなく、より容易にキリストに結ばれ、神と人への奉仕にいっそう自由に献身することができる。(2) 聖職者は、人との交際において貞潔の義務の危険を招くか、または信者の躓きとなる場合、しかるべき賢明さをもって振る舞わなければならない。(3) 教区司教は、これに関して、より具体的な規定を定め、かつ個々の状況において、この義務が遵守されているかどうかについて判断を下す権限を有する」。

3. 司教はとりわけ、司祭たちに、彼らが叙階と同時に自由に引き受けた天の国のための永続的かつ完全に遵守すべき義務を思い起こさせる責任があります。さらに司教は、司祭が自らの職務上の任務遂行に忠実であるように常に監督しなければなりません（教会法第384条ならびに第392条参照）。事実、「司教はキリストの代理者および使者として、部分教会を助言、勧告し、その模範によって、また権威と聖なる権能によっても統治する」[11]のです。彼ら司教たちと司祭たちとの間には、キリストの唯一の祭司職への参与であるところの役務的・位階的祭司職における秘跡的な交わりが存在します[12]。

司教に対する司祭たちの従属関係は、自らの司教との位階的交わり

---

(10) 聖職者省『司祭の役務と生活に関する指針 *Tota Ecclesia*』（1994年1月31日）第57-60項 in *EV* 14/842-850 参照。

(11) 第二バチカン公会議『教会憲章』第27項。

(12) 第二バチカン公会議『司祭の役務と生活に関する教令』第7項；教皇ヨハネ・パウロ2世、使徒的勧告『神の民の牧者 *Pastores Gregis*』（2003年10月16日）第47項 in *AAS* 96（2004）887-888 参照。

において果たすべき自身の職務の行使と関係していることは確かです。司教と彼の司祭たちとの間に存在する関係は、法的な観点から、国家の法制度における民法の定める階級的な従属関係や、仕事のうえでの従業員と雇用主との関係に還元することができないものです[13]。時折、何かしら市民社会の組織機構の中にいる人の中には、司教と彼の聖職者との間の関係を、その秘跡的な結び付きを把握せずに、ごく普通の企業の責任者とその労働者との間にある関係と同じものだと誤解している人がいるのも珍しいことではありません。

そのような状況の中で、「司教は、普遍教会の一致を擁護しなければならないがゆえに、全教会共通の規律を高めなければならない。したがって教会のすべての法律の遵守を促さなければならない」（教会法第392条第1項）のであり、彼は教会の規律について濫用が起こらぬよう監督しなければなりません（教会法第392条第2項）。実際、教区司教は、格別な意を用いて司祭たちを見守り、彼らの権利を擁護しなければならないのです（教会法第384条）。司祭たちの多くは、日々平穏無事に司祭の務めを果たし、忠実に自身の職務を遂行していますが、「教会の聖務者たちによる不祥事が発生した場合、司教は毅然とした態度で決断力をもって、公正かつ冷静に対処しなければなりません。そのような嘆かわしい事態において、司教は確立された教会法の規定に従って、関係者の霊的善のため、躓きの修復のためにも、また被害者の保護と支援のためにも速やかに措置を講じなければなりませ

---

(13) 法文評議会、*Elements to establish the area of canonical responsibility of the diocesan Bishop towards clerics incardinated within the diocese and who exercise their ministry within it*（2004年2月12日）in *Communicationes* 36（2004）33-38 の注の解説を参照。また聖職者省の Decretum *Quidam Episcopi*（1982年3月8日）in *AAS* 74（1982）642-645 を参照。

ん」⁽¹⁴⁾。こうした文脈において、その必要性から教会権威者によって
規定された刑罰さえも、「神の民の仲間が、反教会的な行為や犯罪行
為によって、また躓きを与える行動によって生じさせた共同体および
個人の善の欠損を回復させる手段としての『交わりのための道具』と
見なされます」⁽¹⁵⁾。

　いずれにせよ教区司祭は、プライベートの生活においてであれ職務
の実践においてであれ、その行動を決定する際、ある程度の自主性を
享受しているということは明らかです。したがって教区司祭は、プラ
イベートの生活に関しても、職務を遂行することのうちに終始した生
活に関しても、その行動には個人的な責任を負うことになります。そ
のため司教は、教区司祭が教会の普遍法または特別法の規定に反して
行った犯罪行為に対して直ちに法的責任を負うものではありません。
この原則は決して新しいものではなく、常に教会の遺産の一部であり
続けたものです。とりわけ司祭の犯罪行為とその結果として科される
刑罰、さらに必要に応じて請求される損害賠償も、司教または司教が
その法的代表者である教区ではなく、犯罪を犯した司祭個人がその責
任を負わなければなりません（教会法第 393 条参照）⁽¹⁶⁾。

　4．それゆえ司教は、司法的任務を果たすうえで、以下の（a）-（c）
の一般的な判断基準を念頭に置いて対処することができると繰り返し

---

　(14) 司教省『司教の司牧的任務のための指針 *Apostolorum Successores*』（2004
年 2 月 22 日）第 44 項；in *EV* 22/1669 参照。

　(15) 教皇ヨハネ・パウロ 2 世『ローマ控訴院への訓話』（1979 年 2 月 17 日）in
Insegnamenti di Giovanni Paolo II（1979/2）p. 412。

　(16) 法文評議会、*Elements to establish the area of canonical responsibility of
the diocesan Bishop towards clerics iricardinated within the diocese and who
exercise their ministry within it*（2004 年 2 月 12 日）in *Communicationes* 36（2004）
33-38; *EV* 22/1520-1530 の注の解説を参照。

述べられてきました。

（a）正義が危険に晒されるのでない限り、司教は、教会法上の手続きが既に開始された後であっても、しばしば司法手続きによって敵対意識の持続が長期化するのを避けるため、信徒の間の争訟をできる限り平和裏に解決させ、可及的速やかに和解させる手段を講じなければならない（教会法第1446条参照）。

（b）司教は、司法権の行使のために定められた手続き上の規定を遵守すると共に、関係者にそれを遵守させる。なぜなら司教は、こうした規定が、単なる形式的で煩わしいものではなく、真実の確認と正義の達成のために必要な手段であると認識しているはずだからである（教会法第135条第3号および第391条参照）。

（c）司教は、教会の善益をひどく害する問題行動について知らせを受けた場合、慎重に、自らまたは代理者を介して、事実関係とこれを行った者の責任について調査しなければならない（教会法第1717条参照）。躓きの原因となった事実関係に関して十分な証拠が収集されたと判断されたら、司教は当事者を訓戒するか、この者に対して正式な警告を行う（教会法第1339条から第1340条参照）。しかしこれが、躓きの修復、正義の回復、躓きの原因となった者の更生に十分でなかった場合、司教は刑罰を科すための手続きを開始する。これには次の二通りの方法がある（教会法第1341条ならびに第1718条参照）。

- 通常の刑事裁判を実施する。これは、犯罪の重大さゆえに教会法がそれを要求する場合、あるいは司教によってそれがより賢明であると判断された場合に行われる（教会法第1721条参照）。
- 教会法が規定する手続きに従って、裁判には拠らない決定を下す（教会法第1720条参照）[17]。

---

(17) 司教省『司教の司牧的任務のための指針 *Apostolorum Successores*』（2004

5. それでもなお、一部の聖職者による重大な規律違反の状態につ
いて、すなわち教会法典の中で既に規定されている諸条文や司牧的手
段による問題解決の試みでは、十分に躓きが償われ、正義が回復され、
犯罪者が矯正され得ないことが明らかな重大な規律違反についても審
理が可能であることが明確にされなければなりません（教会法第1341
条参照）。

　教会の最高の法である魂の救い（salus animarum）の実現を促進し、
さらに高位聖職者たちから寄せられる、日々の彼らの統治の任務遂行
の中で、時に苦しみを伴う少なからぬ特別な求めに対応したいという
配慮から、本省は、次に示す幾つかの特別な権限の付与が適当かどう
か、その判断を最高権威者に委ねることが望ましいと考えました。そ
してローマ教皇は、その権限を1月30日付で本省に与えられました。

特別権限 1

　民法婚に限ったものであっても婚姻を試みた聖職者のうち、警告を
与えられたにもかかわらず改めず、不規律な生活と躓きを与える振る
舞いを継続する者（教会法第1394条第1項参照）、ならびに十戒の第六
戒に対する重大な外的罪（教会法第1395条第1-2項参照）を犯した者
に関して、独身の義務を含む叙階に由来する聖職者の義務の免除を伴
う、刑罰としての聖職者の身分からの追放の事案として、特別形式で
の承認と決定を求めて、それらを取り扱い教皇に提示する特別権限。

特別権限 2

　とりわけ重大な法律の違反があった場合、ならびに実質的な躓きを

年2月22日）第68項 in *EV* 22/1715-1717.

避ける必要性と緊急性がある場合、事案に関して所轄の裁治権者の要請に従って、それを直接取り扱うことによって、あるいは裁治権者の決定を承認することによって、教会法第1399条の規定する案件として介入する特別権限。

これは教会法第1317条、第1319条、第1342条第2項、第1349条の例外規定として実施できるものとする。ただし永久的な刑罰の適用に鑑み、助祭に対しては重大な事由において、司祭に対しては著しく重大な事由においてのみ適用されなければならず、常に事案のすべての記録を直接教皇に提示しながら特別形式での承認と決定を求めてこれを実施する。

特別権限3

5年以上にわたって意図的かつ不正に聖務を放棄し続ける聖職者について、事案に関して可能な限り慎重な検証を行ったうえで、独身の義務を含む聖職者の義務の免除を伴う聖職者の身分喪失の事案として取り扱いそれを宣言するための特別権限。

必要な条件が満たされ、裁治権者である高位聖職者が前述の特別権限を行使することが適切であると判断した場合、彼は以下の点について より深く検証を行い、そのための手続きを行うよう指示します。

6. 本省は、聖職者、そのうち司祭および助祭に関して以下の事例を研究しました。

・単なる国家法上の婚姻であってもそれを試み、また警告しても改めず、頑なに不規律な態度、躓きを与える振る舞いを続ける者（教会法第1394条第1項参照）。

・内縁関係にあるか第六戒に反する他の外的罪に留まっていて躓き

を与え続け、繰り返し警告したにもかかわらず悔い改める兆候を見せず（教会法第1395条第1-2号）、また聖なる叙階からもたらされる義務の免除を要請する意図を示さない者。

このような場合、聖職停止制裁や教会法第1044条第1項3号[18]に従った不適格（irregularitas）が、躓きが償われ、正義が回復され、犯罪者が更生する（教会法第1341条参照）のに十分効果的なものであると示されたことはほとんどありませんでした。事実、教会法第292条によれば、聖職者の身分の喪失を通じてのみ、聖職者はその身分に固有な権利を失い、同時にその身分に伴う義務にも拘束されなくなるのです。

そのため教皇ベネディクト16世は、以下の事柄を実施する特別な権限を聖職者省に与えました。

「民法婚に限ったものであっても婚姻を試みた聖職者のうち、警告を与えられたにもかかわらず改めず、不規律な生活と躓きを与える振る舞いを継続する者（教会法第1394条第1項参照）、ならびに十戒の第六戒に対する重大な外的罪（教会法第1395条第1-2項参照）を犯した者に関して、独身の義務を含む聖職者としての叙階に由来する義務の免除を伴う、刑罰としての聖職者の身分からの追放の事案として、特別形式での承認と決定を求めて、それらを取り扱い教皇に提示すること」。

このことが必要とされる時はいつでも、適法な行政手続きによって審理されなければならず、常に被疑者には抗弁する権利が保証されていなければなりません。

---

(18) 法文評議会『宣言』──婚姻を試みた司祭による秘跡の挙行について──（本書参考資料）*Decretum : Concerning the celebration of sacraments or sacrnentals by priests who have attempted marriage*（1997年5月19日）in *Communicationes* 29（1997）17-18; *EV* 16/540-543.

　本事案に関する行政手続き（教会法第35-58条、第1342条、第1720条参照）に携わる者は、必ず聖職者でなければなりません。

　その手続きは教会法第1720条に従って以下のように行われます。

(1) 被疑者に自分に対する告発と関連する証拠を通知する。合法的に召喚され出頭しなかった場合を除いて、被疑者に抗弁を行うことのできる機会を与える。

(2) 二名の補佐官と共に、被疑者が提出した抗弁書ならびに文書資料、すべての証拠について慎重に審査を行う（教会法第1424条参照）。

(3) 犯罪が行われたことに疑いがなく、また犯行が教会法第1362条の定めに従って時効となっていない場合、教会法第1344-1350条の規定に従って決定書を出す。教会法第35-38条の規定に従って出された決定書には、要約の形であれ法律上の根拠および事実上の根拠について正当な理由が述べられていなければならない。

　7.　これとは別に、既に教会法典に規定されている諸条文や司牧的手段による問題解決の試みでは、しばしば良い結果が得られず、共通善に対する損害と信徒の重大な躓きを伴う危険な状況が過度に長引くのを回避できないことが明らかな聖職者による重大な規律違反に関してその状況を審理することが可能であることが明確に示されなければなりません。

　このような状況において、裁治権者が、その権威と最大限の努力によって問題に対処するために、時には事案の特別な状況がそれを必要とする場合、聖職者の身分からの追放も含む永久的な刑罰を科すことによって対処するために、使徒座が直接これらの事案を取り扱うか裁治権者の出した決定に承認を与えるように裁治権者たちは使徒座に要請してきました。

そのため教皇は、以下の事柄を行う特別な権限を聖職者省に与えました。

「とりわけ重大な法律の違反があった場合、ならびに実質的な躓きを避ける必要性と緊急性がある場合、事案に関して所轄の裁治権者の要請に従って、それを直接取り扱うことによって、あるいは裁治権者の決定を承認することによって、教会法第1399条の規定する案件として介入すること。

これは教会法第1317条、第1319条、第1342条第2項、第1349条の例外規定として実施できるものとする。ただし永久的な刑罰の適用に鑑み、助祭に対しては重大な事由において、司祭に対しては著しく重大な事由においてのみ適用されなければならず、常に事案のすべての記録を直接教皇に提示しながら特別形式での承認と決定を求めてこれを実施するものとする」。

つまりこれは、裁治権者が要求する場合、使徒座が直接的に扱うか裁治権者の決定を承認することによって、神法または教会法の外的違反に対して正当な刑罰ないし償いを科すために、教会法第1399条の事案として介入する特別な権限を与えるものです。法律の違反が特別重大なもので緊急な対応が必要とされる場合、違反者が行いを改める意志を持たないのであれば、永久的な刑罰が科されることもあります。このことが必要とされる時はいつでも、適法な行政手続きによって審理されなければならず、常に被疑者には抗弁できる権利が保証されていなければなりません。

8. 本省は、司祭と助祭が長期にわたって継続的に職務を放棄した事例を扱ってきた経験があります。可能な限り慎重に状況を検証した後、職務を意図的に、また不法に放棄している状態が続いていることが確認された場合、教皇庁の介入によって、教会組織内の秩序を擁護

し、信徒が諸秘跡の有効性に関して通常の錯誤（error communis；教会法第 144 条参照）に陥らないように保護します。

　そのため教皇は、以下のことを行う特別な権限を聖職者省に与えました。

　「5 年以上にわたって意図的にまた不法に職務を放棄したままの聖職者について、事案に関して可能な限り慎重な検証を行ったうえで、独身の義務を含む聖職者の義務の免除を伴った聖職者の身分喪失の事案として扱いこれを宣言すること」。

　このような事案は、この権限の付与以前から存在するものであっても、以下の手続きに従って審理されなければなりません。

第 1 条　当該聖職者の入籍先の裁治権者は、可能な限り慎重に事実を検証したうえで、連続して 5 年以上にわたって意図的にかつ不法に職務を放棄し続けている聖職者について、独身の義務を含む叙階に基づく義務の免除を伴う聖職者の身分の喪失を宣言する答書を使徒座に請求することができる。

第 2 条　§ 1　この手続きを行う管轄権は、聖職者の入籍先の裁治権者にある。

　§ 2　所轄の裁治権者は、この手続きの調査を、自らの司祭または他の教区のふさわしい司祭に、恒常的にまたは事案ごとに委託することができる。

　§ 3　この手続きでは、公共善を守る義務を担う公益保護官が常に介入しなければならない。

第 3 条　第 1 条の宣言は、裁治権者が、聖職者本人の供述や証人の証言、人々の評判や状況証拠について適切な調査を実施し、当該聖職

者の職務放棄には回復の見込みがないという社会通念上の確信に達した後でのみその効力を持ち得る。

第4条　いかなるものであれ訴訟行為の通知は、郵送またはその他の確実な手段によって行われなければならない。

第5条　調査が完了したら、調査官は、真実に基づいて自己の意見（votum）を表明する適切な報告書と共に、すべての訴訟記録を所轄の裁治権者に送付しなければならない。

第6条　所轄の裁治権者は、すべての訴訟記録および自らの意見書を、公益保護官の意見書と併せて使徒座に送付しなければならない。

第7条　仮に使徒座での審理において調査の補完が必要であると判断された場合、補完すべき調査内容に関する指示が所轄の裁治権者に伝えられる。

第8条　独身の義務を含む聖なる叙階からもたらされる諸義務の免除を伴う聖職者の身分喪失の答書は、使徒座から所轄の裁治権者に送付される。裁治権者はこれが［当該聖職者に］通知されるよう取り計らう。

　9.　聖職者の身分喪失の後、その聖職者が復職を希望するという例外的な事情に際しては、（当該聖職者の復職に）好意的な司教を通じてこの請願を使徒座に提示しなければならない（教会法293条参照）。

　本省の切なる願いは、すべての裁治権者たちが、日々「キリストの

うちにあること」を欠く行いからもたらされる労苦には価値がないということを心に留めながら、深い内的な動機づけをもって、彼らの最も大切な共働者たちが教会の規律に従ってキリストの弟子として生きられるように、常に真の牧者としての父性と慈愛をもって心を傾けながら、これを適用することなのです。

長官クラウディオ・フンメス枢機卿
次官マウロ・ピアチェンツァ
ヴィットリアーナ名義大司教

聖職者省

『聖職者省に付与された特別権限の適用に関する 手続きのための指示書』

バチカン市国

2010 年 3 月 17 日

Prot. N. 2010 0823

各司教座の裁治権者である枢機卿、司教、司祭の皆さんへ

　私は、2009 年 1 月 30 日にローマ教皇より本省に与えられた特別権限についての 2009 年 4 月 18 日付の書簡（Lettera circolare, Prot. N. 2009 0556）[19] を受けて、同日本省が採用したこの事案を扱う手続きに関して、その実施のための指示を、地方教会の段階での調査完遂のために必要とされる文書のリストと共に本書簡に添付して伝えるよう計らいました。

　そこで、まずこれらの手続きの指示を正しく理解するうえで、裁治権者[20] が特別権限の適用を請願するための前提条件として欠くことのできない事柄を指摘しておかなければなりません。それは恩典による免除（via gratiosa）あるいは刑事裁判といった通常の手段（via

---

　(19) *EV* 26/407-450.

　(20) 教会法第 134 条第 1 項のいうところの裁治権者に該当しない奉献生活の会ないし使徒的生活の会の上級上長は、所轄の地区裁治権者に問い合わせなければならない。

ordinaria）に従うことが不可能または極端に困難でなければならないということです。このことが確認されたうえで、地方教会の段階での調査において、次のことが実施されなければなりません。

　(I) 当該聖職者が、聖職者の身分に基づく義務の免除を請願することが、客観的にまたは主観的に不可能であることを立証すること[21]。

　(II) 犯罪者に犯行を止めさせ、不服従を改めさせるために裁治権者が行った教会法的措置および司牧的なすべての試みの結果を文書にまとめること。

　(III) 現地での教会法上の刑事裁判の実施を妨げる具体的な状況における重大な困難を提示すること（教会法第1342条第2項；第1425条第1項2号）。

　裁治権者の皆様におかれましては、この特別権限の適用は自動的に行われるものではなく、特殊な状況において、十分にそれが望ましいと判断された場合においてのみ、常に使徒座の慎重な判断の下で行われるということにご留意いただきたいと思います。言い換えれば、この手続きの地方教会での段階は、常に具体的な事情において特別権限が適用されるように、使徒座の自由裁量に基づく承認を求める裁治権者の要請をもって完了します。

　教会の一致と協力の精神において、司祭職の尊厳、司祭たちと教会

---

　(21) 例えば、問題の聖職者が免除の申請を拒否していたり、その聖職者の生活が特殊な状況にあるがゆえに免除の申請が行えないといった状況が考えられる。

全体の真の善を保ちつつ、この機会に枢機卿、司教、司祭の皆さんへの心からの私の敬意を表したいと思います。

長官クラウディオ・フンメス枢機卿

次官マウロ・ピアチェンツァ

ヴィットリアーナ名義大司教

＊　　　　＊　　　　＊

添付文書1：特別権限1および2の適用

特別権限1　民法婚に限ったものであっても婚姻を試みた聖職者のうち、警告を与えられたにもかかわらず改めず、不規律な生活と躓きを与える振る舞いを継続する者（教会法第1394条第1項参照）、ならびに十戒の第六戒に対する重大な外的罪（教会法第1395条第1-2項参照）を犯した者に関して、独身の義務を含む叙階に由来する聖職者の義務の免除を伴う、刑罰としての聖職者の身分からの追放の事案として、特別形式での承認と決定を求めて、それらを取り扱い教皇に提示する特別権限。

特別権限2　とりわけ重大な法律の違反があった場合、ならびに実質的な躓きを避ける必要性と緊急性がある場合、事案に関して所轄の裁治権者の要請に従って、それを直接取り扱うことによって、あるいは裁治権者の決定を承認することによって、教会法第1399条の規定する案件として介入する特別権限。

これは教会法第1317条、第1319条、第1342条第2項、第1349条の例外規定として実施できるものとする。ただし永久的な刑罰の適用

に鑑み、助祭に対しては重大な事由において、司祭に対しては著しく重大な事由においてのみ適用されなければならず、常に事案のすべての記録を直接教皇に提示しながら特別形式での承認と決定を求めてこれを実施する。

教会法第1720条において求められる手続き

教会法第1717-1719条の「事前調査」（investigatio praevia）の後に、行政手続きを開始することができる（教会法第35-38条、第1342条、第1720条参照）。この事案において手続きに携わることができるのは司祭のみであり（教会法第483条第2項参照）、その手順は以下のとおりとする。

（1）被疑者に告発の理由と提出された証拠について知らせ、彼が適法に召喚され、なおかつ法廷に出頭しなかった場合を除いて、自己弁護の機会を与える。また当該聖職者には、信頼のおける弁護人を任命する権利があることを通知しなければならない。

（2）収集されたすべての証拠およびその他の要素ならびに被疑者の抗弁は、二名の補佐官の協力のもとで慎重に審査される（教会法第1424条および第1720条第2号参照）。

（3）犯罪が行われたことに関して疑いの余地がない場合、教会法第1342-1350条の定めに従って請願書（petitio）を提出する。本事案では、刑事上の訴追権は、教会法第1313条および第1362-1363条が定めるところの時効によっては消滅しない。なお教会法第35-38条の規定に従って出される決定は、正当な理由に基づいていなければなら

ないため、請願の根拠とされる法律上ならびに事実上の根拠が、決定書の中に要約の形であっても示されていなければならない。

（4）所轄の裁治権者は、上記（3）の請願書と自身の意見書と一緒にすべての訴訟記録を使徒座に送付する。

（5）使徒座での審理において、調査の補完が必要であると判断された場合、調査を補完すべき内容に関する指示が所轄の裁治権者に伝えられる。

（6）独身の義務を含む聖なる叙階からもたらされる諸義務の免除を伴う聖職者の身分喪失の決定書は、使徒座から所轄の裁治権者に送付される。裁治権者はこれが当該聖職者に通知されるよう取り計らう。

特別権限1および2の手続きの調査に必要とされる書類

1. 聖職者の履歴書（curriculum vitae）および叙階証明書。

2. 聖なる叙階に先立つ評価票の写しと当該聖職者の養成期間における他の関連文書（さらに、もしそれがある場合は民法婚の証明書の写し）。

3. 恩典の申請あるいは刑事裁判といった通常の手段を適用することが不可能であること、または極端に困難であることを示す文書と、教会法典が規定したすべての措置（教会法第1339条、第1340条、第1347条第1項、第1331－1333条参照）および当該聖職者の不服従を改めさせるために裁治権者が行った司牧的試みを立証する文書。

4. 教会法第 1720 条に基づいて手続きを開始する裁治権者の決定書。これには次の要素が含まれていなければならない。事前調査（教会法第 1717-1719 条参照）の結論についての言及、起訴条項の提示、教会法第 1720 条第 2 号に基づく二人の補佐官の任命書、調査官の任命書、公証官の任命書。

5. 調査書類

（a）聖職者の審問書（教会法第 1728 条第 2 項参照）。

（b）聖職者自身の有責性に関する証拠および異議申し立てに対する彼の認識について、ならびに独身の義務を含む聖なる叙階からくる聖職者の義務の恩典による免除を申請することを受け入れず、頑迷に不法な態度を取り続ける意志についての当該聖職者自身の真正な供述（教会法第 1728 条第 2 項参照）。

（c）(a)または(b)で求められている文書の入手が不可能である場合、聖職者の所在が不明であることを証明する記録文書、または当該聖職者が出頭を要求する召喚状の受け取りを拒否したことを示す文書、つまり上記(b)で求められる供述を拒否する文書記録（教会法第 1509-1511 条参照）を提示する。

（d）証人、告発者または被害者の尋問書および証言調書、ならびに出頭のための適法な召喚状とそれが正式に通知された記録の写し。

（e）その他の関連文書または鑑定書。

6. 調査完了文書。

7. 調査内容を説明する調査官の個人の意見書および当該手続きの全記録を所轄の裁治権者に送付したことを明記した文書。

8. 証拠資料を審査するための会合を招集する裁治権者の決定書（教会法第1720条第2号参照）と二名の補佐官の召喚状。

9. 二名の補佐官と裁治権者によって署名された、証拠資料審査のための会合の議事録。その中に個々の起訴条項について詳細に評価を行った記録、および個々の補佐官の意見が含まれていなければならない。

10. 事案の調査を指示した裁治権者の個人的な意見書。これには証拠の評価のために行われた会合の内容が詳述されていなければならない。また各起訴条項に関する事案の詳細ならびに法律上および事実上の論拠も示されていなければならない。

11. 特別権限1ないし2に類するケースとして、特別権限の適用を請願する当該聖職者の入籍先の裁治権者の使徒座への請願書（petitio）。これと併せて、裁治権者は聖職者省に訴訟記録を提出する。

注意：すべての訴訟記録は、秩序立てて整理し、製本してページ番号を付け、目次を付し、公証官によって認証を受けていなければなりません。この訴訟記録の写し三部を聖職者省に送付します。これに判読困難な手書きの文書が含まれていてはなりませんが、それが必要とされる場合は、文書をタイプし直したものを添付しなければなりません。また判読が困難な複写文書についても同様の扱いとします。

添付文書２：特別権限３の適用

特別権限３　５年以上にわたって意図的にかつ不法に任務を放棄したままの聖職者について、事案に関して可能な限り慎重な検証を行ったうえで、独身の義務を含む聖職者の義務の免除を伴う聖職者の身分喪失の事案として取り扱い、それを宣言するための特別権限。

手続き規則

第１条　［聖職者の］入籍先の裁治権者は、可能な限り慎重に事実を検証したうえで、連続して５年以上にわたって意図的にかつ不法に職務を放棄し続ける聖職者について、独身の義務を含む叙階に基づく義務の免除を伴う聖職者の身分の喪失を宣言する答書を使徒座に請求することができる。

第２条　§１　この手続きを行う管轄権を持つのは、聖職者の入籍先の裁治権者である。

　§２　所轄の裁治権者は、この手続きの調査を、自らの司祭または他の教区のふさわしい司祭に、恒常的にまたは事案ごとに委託することができる。

　§３　この手続きでは公共善を守る役割を担う公益保護官が常に介入しなければならない。

第３条　第１条の宣言は、裁治権者が聖職者本人の供述や証人の証言、人々の評判や状況証拠について適切な調査を実施し、当該聖職者の職務放棄には回復の見込みがないという社会通念上の確信に達した後でのみその効力を持ち得る。

第4条　いかなるものであれ訴訟行為の通知は、郵送またはその他の確実な手段によって行われなければならない。

第5条　調査が完了したら、調査官は真実に基づいて自己の意見（votum）を表明する適切な報告書と共に、すべての訴訟記録を所轄の裁治権者に送付しなければならない。

第6条　所轄の裁治権者は、すべての訴訟記録および自らの意見書を、公益保護官の意見書と併せて使徒座に送付しなければならない。

第7条　仮に使徒座での審理において調査の補完が必要であると判断された場合は、調査を補完すべき内容に関する指示が所轄の裁治権者に伝えられる。

第8条　独身の義務を含む聖なる叙階からもたらされる諸義務の免除を伴う聖職者の身分喪失の答書は、使徒座から所轄の裁治権者に送付される。裁治権者はこれが当該聖職者に通知されるよう取り計らう。

特別権限３の手続きの調査に必要とされる文書

1. 聖職者の履歴書（curriculum vitae）および叙階証明書。

2. 聖なる叙階に先立つ評価票の写しと当該聖職者の養成期間における他の関連文書（さらに、もしそれがある場合は民法婚の証明書の写し）。

3. 恩典の申請あるいは刑事裁判といった通常の手段を適用することが不可能であること、または重大な困難を伴うことを示す文書と、教会法に規定されたすべての措置（教会法第1339条、第1340条、第1347条第1項、第1331-1333条参照）および当該聖職者の意図的かつ不正な任務の放棄を止めさせるために裁治権者が行った司牧的試みを立証する文書。

4. 調査官と公証官を任命する裁治権者の決定書（『手続き規則』第2条第2項参照）。

5. 公益保護官を任命する決定書、あるいは恒常的に任命された裁治権者の法廷の公益保護官の召喚状（教会法第1430条および第1436条第2項、『手続き規則』第2条第3項参照）。

6. 調査書類（『手続き規則』第3条第3項参照）
（a）聖職者の審問書（『手続き規則』第3条参照）。
（b）聖職者自身の有責性に関する証拠ならびに訴えに対する彼の認識について、つまり独身の義務を含む聖なる叙階からくる聖職者の義務の恩典による免除を申請することを受け入れず、頑迷に5年以上にわたって意図的にかつ不法に任務を放棄し続ける意志についての当該聖職者自身の真正な供述（教会法第1728条第2項参照）。
（c）(a)または(b)で求められている文書の入手が不可能である場合、聖職者の所在が不明であることを証明する文書、または当該聖職者が出頭を要求する召喚状の受け取りを拒否したことを示す記録文書、つまり上記(b)で求められる供述を拒否する文書（教会法第1509-1511条参照）を提示する。
（d）証人、告発者または被害者の尋問および証言、出頭のための

適法な召喚状とそれが正式に通知された記録の写し。

　(e) その他の関連文書または鑑定書。

　7. 郵便または他の確実な手段によって何らかの訴訟行為の通知が行われた場合、そのことを示す記録書類（『手続き規則』第4条参照）。

　8. 調査完了文書。

　9. 調査内容を説明する調査官の個人の意見書（『手続き規則』第5条）および当該手続きの全記録を所轄の裁治権者に送付したことを明記した文書。

　10. 公益保護官の意見書（『手続き規則』第6条参照）。

　11. 事案の調査を指示した裁治権者の個人の意見書（『手続き規則』第6条参照）。これには証拠の評価の内容が詳述され、事案の詳細ならびに各起訴条項に関しての法律上および事実上の論証も示されていなければならない。

　12. 特別権限3（『手続き規則』第1条参照）に類するケースとして、特別権限の適用を請願する当該聖職者の入籍先の裁治権者から使徒座への請願書（petitio）。これと併せて裁治権者は聖職者省に訴訟記録を提出する。

　注意：
　(A) 当該聖職者に対して、信頼のおける弁護人を任命する権利があることを通知しなければなりません。また本手続きに参与する者は

すべて司祭でなければなりません。

　（B）すべての訴訟記録は、秩序立てて整理し、製本してページ番号を付け、目次を付し、公証官によって認証を受けていなければなりません。この訴訟記録の写し三部を聖職者省に送付します。これに判読不能な手書きの文書が含まれていてはなりませんが、それが必要とされる場合は、文書をタイプし直したものを添付しなければなりません。また判読が困難な複写文書についても同様の扱いとします。

以上

福音宣教省

『宣教のための奉献生活・使徒的生活の会の会員ならびに司祭・助祭の還俗を行政訴訟において取り扱うための福音宣教省に与えられた特別権限について』[22]

Prot. N. 0579/09

2009 年 3 月 31 日

福音宣教省に属する教会の上級上長、宣教のための
使徒的生活の会への書簡[23]

---

(22) これは *Special faculties for administrative procedure for the laicization of priests, deacons and members of Institutes of Consecrated Life and Societies of Apostolic Life for "missio ad gentes"* と題する一連の福音宣教省から出された文書である。アメリカの教会法学会の定期刊行物である *Roman Replies & CLSA Advisory Opinions* 2009（Washington, D.C. 2009）の 48-52 頁にその全文が掲載されたほか現在まで幾つかのイタリア語の出版物にも紹介されている。

(23) この文書は、上の注 22 の一連の文書のうちの最初のもの *Letter to Superiors General, Missionary Societies of Apostolic Life（dependent on the Congregation for the Evangelization of Peoples）* を翻訳したものである。また翻訳に際しては同文書をイタリア語で引用している教皇庁立ウルバノ大学出版部の刊行物 *I delitti riservati alla Congregazione per la Dottrina della Fede*（Urbaniana University Press 2014）に所収の V. Mosca, *Lefacoltà speciali concesse alla Congregazione per l'Evangelizzazione dei Popoli e alla Congregazione per il Clero*（pp. 162-168）ならびにバチカン出版局から刊行されている *Questioni attuali di diritto penale canonico*（LEV, Città del Vaticano 2012）に所収の D. G. Astigueta, *Le facoltà speciali concesse alla Congregazione per l'Evangelizzazione dei Popoli e alla Congregazione per il Clero*（pp. 135-148）を参照した。

親愛なる尊敬すべき上級上長の皆さんへ

　教皇ベネディクト 16 世は、2008 年 12 月 19 日の福音宣教省長官である私との謁見の際に、宣教地の特別な状況に鑑み、使徒座の他の省庁の通常の管轄権を毀損することなく幾つかの特別な権限を本省に与えられました。これらの特別権限は、本省が、不規律な聖職者によって引き起こされた教会と関係者の霊的損害の拡大と躓きの継続を防ぐために、早急な決断が求められる深刻な事案において、訴えられた人物の自己弁護権を完全に尊重しながら迅速に対処することを可能にするものです。

　さらに教皇様は、本省に属する宣教地のための使徒的生活の会は、ここに提示する本省に認められた特別権限が適用される範疇に置かれるものとする決定を下されました。

　1.　教会法第 1395 条第 1 項および第 2 項の定める犯罪（内縁関係および他の深刻な性的不祥事）に関して有責性が認められる聖職者について、刑罰による（in poenam）聖職者の身分からの追放を科すための行政訴訟を実施し、特別形式（in forma specifica）での承認と決定を教皇に求めること。ただしこれは、年少者への性的虐待に関する事案を取り扱う教理省の排他的な管轄権を損うものではありません。

　・同じ処罰は、婚姻を試みるといった犯罪を行い、裁治権者によって適正に警告された後も態度を改めず、不規律かつ躓きを与える生活を継続する聖職者にも適用されます（教会法第 1394 条第 1 項参照）。

　・同じ処罰は、倫理的な面で躓きを引き起こしたために司祭職階へと進ませるのにふさわしくないと上級上長に判断されたものの、助祭叙階からくる義務の免除を自ら教皇に申請しない助祭にも適

用されます。

2. 本省に属する宣教地で活動する使徒的生活の会の会員によって提出された事案を、既に実施されてきた手続きを通して検討し、聖職者の義務の免除を求めて直に教皇の判断に委ねること。

3. 特別深刻な法律の違反の事案において、具体的な躓きを避ける緊急の必要性がある場合、もし上級上長がそれを求めた際に、本省が事案を直接取り扱うか、あるいは上級上長の決定を承認することによって教会法第1399条の事案として取り扱うこと。

4. 加えて教皇様は、助祭においては重大な理由によって、司祭においては特別に重大な理由によって科される永久的な刑罰の適用を扱う教会法第1317条、1342条第2項および1349条の例外規定を寛大にも認められました。ただしすべての事案は、特別形式（in forma specifica）での承認と決定を求めて、常に教皇に直接提示されなければなりません。

今後起こり得る上述の特別権限の適用の請求は、後続の文書に含まれる指示に従って行われる必要があります。提示された事案を検討し決定を下すうえで無益な遅延を防ぐために、この手続きのための指示に従って書類を完全に整えることが必要とされます。

これらのことを皆さんにお知らせすると共に、私はこの機会に皆さんに心からの敬意を表し、私の変わらぬ祈りをお捧げいたします。

聖マリアの御心のうちに心から愛情をこめて

福音宣教省長官　イヴァン・ディアス枢機卿

同省次官　ロベール・サラ大司教

福音宣教省

Prot. N. 0579/09

2009 年 3 月 31 日

『司祭・助祭から提出される聖職者の義務の 免除申請について』[24]

　教皇ベネディクト 16 世は、2008 年 12 月 19 日の福音宣教省長官との謁見の際に、寛大にも本省に対して、教区の司祭および助祭、同じく本省に属する使徒的生活の会の会員ならびに宣教地の教区内に本部施設を有する教区法の奉献生活の会ならびに使徒的生活の会の会員が提出した聖職者の義務からの免除の申請を審査する権限と、これらの事案を直接教皇の決定に委ねる特別な権限とを与えられた。

　まず、聖職者が自らの弱さや召命の危機もしくは職務における困難

---

　(24) この文書は、アメリカの教会法学会の定期刊行物である *Roman Replies & CLSA Advisory Opinions* 2009（Washington, D.C. 2009）の 50-52 頁にその内容が公表されていた *Request for Dispensation from Clerical Obligations Presented by Priests and Deacons* を翻訳したものである。また翻訳に際しては同文書をイタリア語で引用している教皇庁立ウルバノ大学出版部の刊行物 *I delitti riservati alla Congregazione per la Dottrina della Fede*（Urbaniana University Press 2014）に所収の V. Mosca, *Le facoltà speciali concesse alla Congregazione per l'Evangelizzazione dei Popoli e alla Congregazione per il Clero*（pp. 162-168）ならびにバチカン出版局から刊行されている *Questioni attuali di diritto penale canonico*（LEV, Città del Vaticano 2012）に所収の D. G. Astigueta, *Le facoltà speciali concesse alla Congregazione per l'Evangelizzazione dei Popoli e alla Congregazione per il Clero*（pp. 135-148）を参照した。

に関して何らかの兆候を示しているとき、地区裁治権者または上級上長は、彼にあらゆる点で父としての理解を示し、彼に寄り添い必要とされる霊的・専門的な支援を提供し、危機と困難を克服できるよう助けるべきであるということを忘れてはならない。

　聖職者が、真摯な態度で熟考し、祈り、熟慮を重ねたうえで、最終的に聖職者の身分の放棄と教皇による聖職者の義務からの免除を求めることを決意した場合、地区裁治権者または所轄の上長は、当該事案の手続きについての指示を関係者に与え、以下の文書を含む書類を用意しなければならない。

　1．問題となっている司祭または助祭が、誠心誠意書いた教皇宛ての手紙。この中で、召命の危機と最終的に司祭職から離れることになった理由の他、取り消すことのできない教皇による免除を求める決断をするに至った理由を説明すること。

　上記の申請書は、当該聖職者自身によって署名されていなければならず、その中で聖職者のすべての義務の免除および信徒の身分への還元（還俗）の両方が請願されていなければならない。

　2．申請者のこれまでの人生の歩み、および彼の養成期間、職務におけるさまざまな段階と重要な出来事とその日付を明示した申請者の詳細な履歴書（curriculum vitae）。

　3．申請者が免除の申請書を提出するのを思い留まらせるために裁治権者が行った試みと、危機を乗り越えて聖職者としての生活と職務に戻らせるために行ったすべての支援を要約した文書。このため申請者の裁治権者は、自らあるいは委任した聖職者を通じて、可能な限り当該聖職者への審問および彼をよく知る証人への審問を通して、例え

ば養成者、神学校時代の仲間、同僚の司祭、あるいは他の協力者と
いった証人を審問して問題の聖職者に関して可能な限り有用な情報を
収集する。

　書類には、当該事案の理非について、また申請者が実際に居住する
場所において躓きが起こらないことについての当該地区の裁治権者
（修道会会員の場合は上級上長）の意見書（votum）を含めること。また、
申請者が入籍した教区の顧問会または彼が所属する修道会の顧問会が、
この意見書の内容を了承していることが推奨される。

　4．申請者が免除の申請書を提出し、所轄の裁治権者／上長がこれ
を受理した時点で既に申請者が聖なる職務の行使を停止されているこ
とを証明する文書。

　5．申請者が試みた婚姻に関する真正な文書の謄本および彼に対し
て教会法に基づいた制裁が適用されたかあるいは宣言されたかに関す
る真正な文書の謄本。

　6．自国語で書かれた最終的な文書および証言は、ヨーロッパ言語、
できればイタリア語、英語またはフランス語に翻訳すること。手書き
の文書やその他の判読不可能な文書は、タイプし直したものを添付す
ること。

　7．書類一式は秩序立てて整理、製本し、ページ番号を振って目次
を付すこと。国内の教皇大使を通じて福音宣教省に送付すること[25]。

（25）［訳注］聖職者省の管轄地域では通常書類の複製を三部ないし五部、使徒
座へ送付するが、本文書では送付すべき書類の部数について明言されていない。
ただし、原文に従えば単数すなわち一部であると考えられる。

その際、教皇大使は、当該事案について自らの意見を表明しなければ
ならない。

福音宣教省長官　イヴァン・ディアス枢機卿

同省次官　ロベール・サラ大司教

福音宣教省

Prot. N. 0579/09

2009 年 3 月 31 日

『刑罰による聖職者の身分からの追放に関する裁治権者のための指示書』⁽²⁶⁾

　教皇様は、2008 年 12 月 19 日に、寛大にも福音宣教省に対して、宣教地の教会に深刻な霊的損害を与えかねない、教区および修道会の聖職者による躓きとなる行為や不従順からもたらされる深刻な事態を解決するための刑罰による（in poenam）聖職者の身分からの追放を含む幾つかの特別な権限を与えられた。この事案に関して、具体的な対処法および刑罰による身分剥奪に必要な書類作成について、関係する裁治権者を助ける指示として我々は以下の事柄を提示する。

---

　(26) *Dismissal "in poenam" of clerics from the clerical state. Instructions for the Ordinaries.* 翻訳に際しては同文書をイタリア語で引用している教皇庁立ウルバノ大学出版部の刊行物 V. Mosca, *Le facoltà speciali concesse alla Congregazione per l'Evangelizzazione dei Popoli e alla Congregazione per il Clero*（pp. 162-168）in *I delitti riservati alla Congregazione per la Dottrina della Fede*（Urbaniana University Press 2014）および C. Papale, *Il can. 1395 e la connessa facoltà speciale di dimissione dallo stato clericale "in poenam"*, in *Ius Missionale 2*（2008）39-57、さらにバチカン出版局から刊行されている *Questioni attuali di diritto penale canonico*（LEV, Città del Vaticano 2012）に所収の D. G. Astigueta, *Le facoltà speciali concesse alla Congregazione per l'Evangelizzazione dei Popoli e alla Congregazione per il Clero*, pp. 135-148 を参照した。

　そもそも教会内で教会法上の制裁措置を適用することは、それ自体大変痛ましい出来事である。そのため、教会に霊的損害を引き起こすと共に、信徒の間に躓きを起こしかねない神法または教会法の明確な違反がある場合にのみ、この措置に頼るべきであるということを覚えておく必要がある。所轄の裁治権者が、違法行為を行う聖職者の恥ずべき振る舞いを知らされた場合、毅然とした態度で決断力を持って、可能な限りあらゆる司牧的手段を用いてこの躓きを起こした当事者にその行いを正すよう勧告すべきである。こうした裁治権者の試みから望ましい成果、すなわち違反者の更生および躓きの解決ならびに彼が引き起こした霊的損害の償いが果たされない場合、裁治権者は、厳密に所定の手続きに従って、段階的に教会法に提示されている制裁を適用することができる。裁治権者によって行われるすべての司牧的・刑事的な措置の各段階において、告発されている聖職者の最終的な回答およびその反応が文書に記録されていなければならない。

　宣教地における特別な状況や必要を考慮して教皇が与える上述の特別権限は、その教区に教会裁判所があるかないかにかかわらず、すべての宣教地に適用される。同様に、本省に属する聖座法の諸国民への福音宣教のために活動する使徒的生活の会、および特定の状況においては、宣教地域内で活動している教皇庁奉献生活・使徒的生活会省所属の奉献生活・使徒的生活の会の会員にも適用することができる。最大限の透明性を確保すると共に、手続きの不履行や提出書類の不完全さに起因する手続きの遅延の可能性を避けるため、裁治権者は、すべての必要かつ有用な情報を含む正確かつ完全な書類を本省に送付しなければならない。

　上記の書類には以下の文書が含まれていなければならない。
1. 当該聖職者の履歴書（curriculum vitae）。彼の経歴、養成期間の

記録、助祭・司祭としての職務の遂行状況、また養成のさまざまな段
階で上長によって与えられた最終評価などがこれに含まれる。また助
祭および司祭叙階の証明書、聖職停止の命令書、その他既に適用され
た教会法に基づく制裁の証明書の写しを提出しなければならない[27]。

2. 当該聖職者の刑罰による聖職者の身分からの追放を求める教皇
に宛てられた聖職者が所属する教区の司教または会の上級上長による
請願書（petitio）。裁治権者は、この聖職者に対する具体的な告発お
よび関連する証拠書類ならびにこの聖職者の最終的な回答および反応
に関する詳細な報告書を提出しなければならない[28]。

刑罰による聖職者の身分からの追放の請願には、聖職者の違法行為
の明確な説明、告発された聖職者を更生させるために所轄の上長が
とった措置、ならびに裁治権者の度重なる戒告および警告にもかかわ
らず改善がみられなかったことに関しての明らかな証言が含まれてい
なければならない。また告発された聖職者の継続的な有責性のある不
正行為によって信徒にもたらされた躓きについて、また状況を改善し

---

(27) 申請書の提出に先立ち、聖職者が深刻な違法行為を行い、裁治権者の度重
なる戒告および警告にもかかわらず改善の兆候が見られなかった場合、適当な期
間、すべての叙階権ならびに統治権の行使を停止し（教会法第1333条を参照）、
また最終的に、特定の場所に留まる義務を課すなど、教会法に基づくその他の制
裁によって処罰さなければならない（教会法第1336条第1項第1号を参照）。

(28) 教区の聖職者の場合、教区司教は顧問会において、当該事案について文書
に記載された内容の評価と共に審議を行わなければならない。

　本省に属する奉献生活の会あるいは使徒的生活の会に所属する聖職者の場合、そ
の上級上長はその顧問会の同意が得られる場合にのみ手続きを開始すべきである。

　教区法の会の場合、所轄の上長は、最終的に聖職者の身分からの追放の承認申
請を教皇に提出する権限を持つ教区司教の書面による同意を得た後にのみ、この
手続きを行うことができる。

損害を回復するための（教会の）決定の必要性およびその緊急性についても言及しなければならない。

　告発された聖職者の現在の居住地の司教も、この事案について自身の意見を表明しなければならない。

　3.　当該聖職者の離職および現在の状況について知っている信頼のおける人物による一定の数の証言。

　4.　書類には、彼の不可侵の権利である自己弁護を可能にするために、これらすべての告発内容と証拠が被疑者である聖職者に既に伝えられたことが明記されていなければならない。訴訟記録を完全なものとするため、当該聖職者の最終的な協力が欠如していた場合、それについても文書化しなければならない。

　5.　自国語で書かれた最終文書および証言は、ヨーロッパ言語、できればイタリア語、英語またはフランス語に翻訳すること。手書きの文書やその他の判読不可能な文書は、タイプし直したものを付すこと。

　6.　書類一式は秩序立てて整理、製本し、ページ番号を振って目次を付けること。国内の教皇大使を通じて、複製二部を福音宣教省に送付すること。教皇大使は、この事案についての自らの意見を表明しなければならない。

福音宣教省長官　イヴァン・ディアス枢機卿

同省次官　ロベール・サラ大司教

聖職者省

『聖なる任務への再加入・資格回復』[(29)]

（聖職者省に管轄権がある事案）

「聖職者の身分を失った者については、使徒座の答書によらずに再度これを聖職者のうちに加えることはできない。」（教会法第293条）

I. 聖なる任務への再加入の事案を取り扱う管轄機関

1. 聖なる叙階からもたらされる義務の免除を受けた聖職者

叙階によって引き受けた聖職者としての義務の免除を教皇から与えられた者の復職に関しては、かつてその者の免除を取り扱った使徒座の省庁が管轄権を持つ。

2. 教皇の免除なしに民法上の婚姻を試みた聖職者

聖なる職階の行使に不適格とされた聖職者に対して、不適格の免除および復職の許可を与える権限を持つのは聖職者省である。ただし福音宣教省あるいは東方教会省の管轄地区の聖職者については、それらの省庁の管轄となる。

---

(29) 本文書は、聖職者省が開催している Corso di prassi amministrativa canonica（2013年度）において聖職者省の担当官から提供された資料である。同省はこの原則に基づいて聖職者の身分を喪失した司祭の復職の手続きを行っている。

3. 教皇の免除なしに民法上の婚姻を試みた修道会の聖職者

（a）以前所属していた修道会あるいは他の修道会に再度入会を希望
した場合は、使徒座の奉献・使徒的生活会省の管轄となる。

（b）教区に入籍を希望した場合は、聖職者省の管轄となる。

II. 聖なる任務への再加入・復職に関する一般基準

4. 聖なる任務への再加入つまり聖職者として復職する権利という
ものは存在しない。それは常に恩典としてのみ与えられるものであり、
公共善に対する慎重な配慮をもって教会が行わなければならない母と
しての働きの一つである。

5. この公共善には、司祭職の尊厳の保護、そして再び同じ危険が
起こり得る状況に直面する当該人物の聖なる独身の保護、さらに信者
の共同体の保護に由来する特別な司牧的側面が含まれる。信者の共同
体は、予測され得るあらゆる重大な帰結を招くさらなる躓きの危険に
曝されてはならない。また復職を申請する者自身の善益を考えること
以上に、そのことによって起こり得る第二の過ちが、以前よりもさら
に悪い状況を共同体にもたらすことを避けるよう配慮を怠ってはなら
ない。

6. 司祭の不足ということだけがこのような職務への再加入を認め
る動機であってはならず、裁治権者は、性急なし方でこれを行っては
ならない。たとえ聖なる任務を放棄したとしても簡単に復職できると
いった誤った考えを持って聖なる叙階に導かれ得るという可能性を、
特に若者の間で生じさせないよう十分配慮する必要がある。

7. 聖なる職階の行使に対して不適格とされた聖職者の再加入のための調査は、慎重に行われなければならない。さらに、教会法に則った婚姻を締結できるように免除を申請し、それを取得できる状況であったにもかかわらず、故意に教会の規定を無視したり、あるいはそれを軽視して民法上の婚姻を試みた司祭に関する事案については、特に慎重な対応が必要とされる。

III. 不可欠とされる前提条件

8. 原則として申請者は、彼に対して好意的な裁治権者によって受け入れられなければならないが、それは聖職者であった申請者が、かつて民法上の婚姻を試みた地域や婚姻後に居住した地域の裁治権者であってはならない。同様に、もし聖職者として再加入が認められた場合、前述の地域で聖務を遂行してはならない。特別な状況下では、この原則の例外が提案される可能性もあるが、その際には聖座の管轄機関によって慎重な判断が下されなければならない。

9. また申請者の民法上の婚姻の絆が、国家法に従って事前に解消されていることが必要とされる。

10. たとえ民法上のみの婚姻の絆であっても、複数回結婚した者に再加入が認められることはない。

11. 申請者に子供がいる場合、その子供が教会法上の成人に達していて、父権から解放されており自立していなければならない。

12. さらに申請者に妻子がいる場合、彼らに対する世襲財産の問題について事前に解決されていなければならない。

13. 申請者は、いまだ一定の職務を担える年齢で、信者の共同体の善益のために聖務を遂行できる十分な健康状態になければならない。

IV. 必要な手続き

（A）第一段階

14. 第一段階は、申請者の個人的な状況に関する慎重な調査によって構成される。ここでは、司祭としてのアイデンティティーの危機を引き起こすこととなった原因と聖職を放棄するに至った原因を、申請者が既に克服していることが明示されなければならない。この調査は、開始の時点から、申請者に対して好意的な裁治権者によって聖座の管轄機関と一致協力して行われなければならない。

司祭の離職によって生じた躓きや、聖務放棄以前に申請者が過ごした危機の歴史的過程、そして離職をもたらした動機について、それらが克服されていることを客観的に立証しなければならないということを念頭に置いて、状況に応じて聖座の省庁がこの調査期間を定めなければならない。

15. 申請者に好意的な裁治権者は、入籍が行われた教区の裁治権者から、前もって個人的な危機および任務放棄に至った状況等、申請者に関する情報をすべて取得していなければならない。またそれらの情報を受け取った後、必要な指示を仰ぐために、直ちに聖座の管轄機関にその情報を通知しなければならない。

16. 教区司祭と同様に、復職を求める申請者が修道会の聖職者であった場合、聖座の管轄機関は、奉献生活・使徒的生活会省に意見を求め、必要な文書資料の収集に関して指示を仰がなければならない。もし申請者が以前所属していた会の総本部（Curia Generalizia dell'Istituto）に記録が残っていれば、総長の意見書と一緒にそれを請求しなければならない。

17. 申請者に好意的な裁治権者は、申請者について完全な情報提供を受け、聖座の省庁の指示を履行した後、良心に従って書面で自身の司祭団のうちに申請者を迎え入れる用意があることを確認し、宣言しなければならない。

（B）第二段階
18. 17番に記された裁治権者の宣言を受けた後、聖座の管轄機関は、申請者に対して好意的な裁治権者によって指名された担当責任司祭の指導の下で、申請者が司祭の共同体ないし修道者の共同体に信徒として居住する適切な一定の期間を決定する。この期間の長さは、いずれにしても1年以下であってはならず、事案ごとの特殊な状況を考慮したうえで、申請者に好意的な裁治権者の同意を得たうえで聖座の省庁によって最終的に決定されなければならない。

19. この期間に、申請者は離職に至った原因の克服状況を安定的なものとするために、共同体の司祭による定期的な霊的指導を維持しなければならない。

20. 同様に、申請者に対して好意的な裁治権者によって用意され、聖座の官轄省庁から前もって承認を受けた養成課程に従って、適切に

霊的、神学的、司牧的、教会法的な理解を新たにする準備がなされなければならない。

21. この期間に、申請者に好意的な裁治権者と担当責任司祭の賢明な判断に従って、申請者は、一般の信者が行うことができる司牧上の役務に段階的に受け入れられる。その際、1997年8月15日に教皇庁の諸省によって公布された『聖職位階への一般信者の協力についての指針 *Ecclesia de mysterio*』の規定を守るようにする。

(C) 第三段階

22. 上記の共同体での生活期間を順調に過ごした後、申請者に好意的な裁治権者は、聖座の省庁に送付しなければならない正式な関係書類一式を準備する。それには次の内容の文書が含まれていなければならない。

(a) 申請者自身によって書かれた教皇宛ての請願書。その中で申請者は、自身の召命の歴史、離職、聖務を離れた後の生活、再加入を請願する理由について詳しく述べる。

(b) 入籍していた教区の裁治権者の見解。

(c) 18番に記された、担当責任司祭の意見書。

(d) 上記の共同体で生活した期間に申請者と関わりのあった聖職者や信徒からの申請者の適正についての証言。

(e) 申請者に対して好意的な裁治権者の意見書。

関係書類一式には、真正性の認証を得た次の文書が添付されていなければならない。

(f) 民法上の婚姻の絆の解消についての国家法の裁判所による最終判決の写し。

（g）申請者に子供がいた場合は、その出生記録。

（h）申請者の健康に関する医師による診断証明書。

23．聖座の管轄機関は、各文書を審査した後、さらなる補足調査事項や、新たな経験（共同体での生活体験など）を設定するよう要求することができる。その場合、申請者に好意的な裁治権者に詳細な指示を与えなければならない。

24．聖座の管轄機関は、請願者の復職に関しての適正さについて社会通念上の確信が得られ、免除を与えることを決定する場合、不適格の状態から叙階権を行使する職階へ受け入れる正式な教皇の免除（ad ordines exercendos）の答書をもってこれを実施する。申請者に好意的な裁治権者は、それに引き続き、教皇からの答書を執行したことの証明書と、その教区で当該聖職者の入籍が行われたことの証明書を聖座の管轄機関に送付しなければならない。

参考資料9

教皇ヨハネ・パウロ2世

『教理省に留保されたより重大な犯罪に関する規則』 と共に公布されるべき自発教令形式による 使徒的書簡『諸秘跡の聖性の保護』

（Sacramentorum Sanctitatis Tutela）[30]

　諸秘跡の聖性の保護、なかでも最も神聖な聖体の秘跡とゆるしの秘跡の聖性の保護は、神の十戒の第六戒を守るなかで主との交わりに招かれている信徒を純粋に保護することとして「教会において常に最高の法である」魂の救い（教会法第1752条）が実現するよう、司牧的配慮によって教会が自ら違反の危険を未然に防ぐためにこれに介入するよう要請されるものである。

　実際、過去に私の前任者たちは、諸秘跡の聖性の保護、とりわけゆるしの秘跡の聖性の保護のために、教皇ベネディクト14世の『サクラメントゥム・ペニテンツィア *Sacramentum Poenitentiae*』（1741年6月1日公布）をはじめとした幾つかの使徒憲章を公布している。1917年にその法の源泉と併せて公布された『教会法典 Codex Iuris Canonici』の諸条文は、それらと同じ目的の上に成り立っており、それによってこの種の犯罪に対する教会法上の制裁が確立された。

　近年では、これらの犯罪および類縁の犯罪を防ぐため、検邪聖省（教理省）が1962年3月16日に、すべての総大主教、大司教、司教および東方典礼も含めた他の地区裁治権者に宛てた指針『クリーメ

---

(30) *AAS* 93 （2001）737-739.

ン・ソリチタツィオーニス *Crimen sollicitationis*』をもって、これら
の事案を審理する方法を確立した。それは当時、行政的であろうと司
法的であろうと、この種の裁判管轄権が、唯一検邪聖省に専属的に委
ねられていたからである。ただし、1917 年に公布された『教会法典』
の第 247 条第 1 項によれば、当時の検邪聖省の枢機卿は、あくまで同
省の次官の職にあり、検邪聖省の主導権は教皇にあった。それゆえ、
教皇自身の権威によって公布されたこの指針は法的拘束力を有すると
いうことを心に留めておかなければならない。

　今は亡き教皇パウロ 6 世は、ローマ教皇庁の組織に関する使徒
憲章『レジーミニ・エクレジエ・ウニヴェルセ *Regimini Ecclesiae
Universae*』（1967 年 8 月 15 日公布）によって、同省が「改訂され、承
認を受けた固有の規則に従って」審理を行ううえでの行政的ならびに
司法的管轄権を持つことを確認した[31]。

　最後に、私に与えられた権限により、1988 年 6 月 28 日に公布した
使徒憲章『パストル・ボヌス *Pastor Bonus*』において、私は明確に
次のように定めた。「教理省は、信仰に反する犯罪、および倫理に反
するより重大な犯罪ないし諸秘跡の挙行において犯されたより重大な
犯罪が報告された場合、それに関して調査を行い、必要な時はいつで
も、共通法と固有法の両方に従って教会法上の制裁を宣言あるいは科
すことを行う」[32]。その際、同省が、さらに確認したり明確化するた
めに行う訴訟の管轄権は、使徒座裁判所としてのそれである。

　私が、教理省の『アジェンディ・ラツィオ・イン・ドクトリナール

---

　(31) Cf. Paulus PP. VI, Constitutio Apostolica *Regimini Ecclesiae universae*,
De Romana Curia, 15 augusti 1967, n. 36, in *AAS* 59（1967）898.

　(32) Ioannes Paulus PP. II, Constitutio Apostolica *Pastor bonus*, De Romana
Curia, 28 iunii 1988, art. 52, in *AAS* 80（1988）874.

ム・エグザミネ *Agendi ratio in doctrinarum examine*』[33] を承認した
後、その管轄権が専属的に教理省に留め置かれている「倫理に反する
生き方によって犯されたもしくは諸秘跡の挙行において犯されたより
重大な犯罪」について、また「教会法上の制裁を宣言あるいは科すた
め」の特別な手続きの規則についても、より詳細な点を確定する必要
があった。

　そこで自発教令の形式を持つこの使徒的書簡をもって、私は上述の
任務を遂行し、ここに『教理省に留保されたより重大な犯罪に関す
る規則』を公布する。この規則は二部構成となっており、第一部は
「本質的な規則」、第二部は「手続き規則」について定めている。した
がって、私はすべての関係者が、これらの規則を誠実かつ忠実に遵守
するように命じる。なおこれらの規則は、公布されたその日から法的
効力を有するものとする。

　これらの規則に反対するものは、それが特別に陳述に値するもので
あっても何ら妨げとはならない。

2001 年 4 月 30 日

聖ピオ 5 世教皇の記念日に

ローマにて

聖ペトロのかたわらで

教皇在位第 23 年

教皇ヨハネ・パウロ 2 世

---

(33) Congregatio pro Doctrina Fidei, *Agendi ratio in doctrinarum examine*, 29 iunii 1997, in *AAS* 89（1997）830-835.

教理省

『教理省に留保された犯罪に関する規則』
すなわち
『信仰に反する犯罪およびより重大な犯罪に関する規則』
（Normarum de gravioribus delictis: 2010 年 5 月 21 日改訂版）

第 1 部
本質的な規則

第1条　（1）教理省は、使徒憲章『パストル・ボヌス *Pastor Bonus*』の第 52 条の規定[34] により、信仰に反する犯罪および倫理に反する行為によって犯されたか諸秘跡の挙行において犯された、より重大な犯罪について審理し、必要な時はいつでも共通法と固有法の両方に従って教会法上の制裁を宣言するか科す。ただしこれは、使徒座内赦院の管轄権や（教理省の）『アジェンディ・ラツィオ・イン・ドクトリナールム・エグザミネ *Agendi ratio in doctrinarum examine*』[35] を妨げるものではない。

　（2）教理省は、第 1 項の犯罪に関して、ローマ教皇の指令により、

---

　(34)「（教理省は）信仰に反する犯罪および、倫理に反したり諸秘跡の挙行において犯された、より重大な犯罪が報告された場合、それに関して調査を行い、必要な時はいつでも、共通法と固有法の両方に従って教会法上の制裁を宣言あるいは科すことを行う」(Ioannes Paulus PP. II, Constitutio apostolica *Pastor Bonus*, De Romana Curia, 28 iunii 1988, art. 52, in *AAS* 80 ［1988］874)。

　(35) Congregatio pro Doctrina Fidei, *Agendi ratio in doctrinarum examine*, 29 iunii 1997, in *AAS* 89（1997）830-835.

枢機卿、総大主教、使徒座の使節、司教、さらには教会法第 1405 条第 3 項および東方教会法第 1061 条⁽³⁶⁾に規定される他の自然人を審理する権利も有する。

（3）教理省は、第 1 項に述べられた犯罪を後述の規定に従って審理する。

第 2 条　（1）第 1 条に述べられた信仰に反する犯罪とは、教会法第751 条、第 1364 条および東方教会法第 1436 条⁽³⁷⁾、第 1437 条⁽³⁸⁾に規定された、異端、背教および離教である。

（2）第 1 項に該当する事案において、伴事的破門制裁に関して必要に応じて法の規定にしたがって第一審の裁判を行ったり裁判外の決定を行うのは、裁治権者あるいは東方教会の主教（hierarcha）である。ただし上訴権あるいは教理省に上告する権利は妨げられない。

第 3 条　（1）教理省の審判に留保された最も尊ぶべき生贄［聖体祭儀］と聖体の秘跡の聖性に反するより重大な犯罪とは次のものである。

　1°　教会法第 1367 条および東方教会法第 1442 条⁽³⁹⁾に規定されて

　（36）第 1063 条第 4 項第 3、4 号の事案を除き、ローマ教皇以外に上位の権限者を持たない司教職位にない自然人、また法人は、使徒座の裁判所に召喚されなければならない。

　（37）神的でカトリックの信仰をもって信じなければならない何らかの真理を、かたくなに否定するか、その真理について執拗に疑いを抱く者、あるいはキリスト教信仰を全面的に放棄する者は、適法な警告の後も改善が見られない場合、異端者、背教者としてより大きな破門（excommunicatio maior）をもって処罰される。聖職者であれば、聖職者の身分からの追放を含む他の刑罰が科され得る。

　（38）教会の最高権威への服従を拒否するか、彼に服属する教会の成員との交わりを拒否する者は、適法な警告の後も従順を示さない場合、離教者としてより重大な破門をもって罰せられる。

　（39）神聖な聖体を投げ捨てるか、または汚聖の目的でそれを取り扱うか持ち

いるとおり、冒瀆の目的で聖別された形色（聖体）を持ち去るかもしくは保持する、あるいは投げ捨てること[40]。

2° 教会法第1378条第2項第1号に規定されているとおり、聖体の生贄［聖体祭儀］の典礼行為を試みること。

3° 教会法第1379条および東方教会法第1443条[41] に規定されているとおり、聖体の生贄［聖体祭儀］の典礼行為を偽装すること。

4° 教会法第1365条および東方教会法第1440条[42] に規定されているとおり、教会法第908条および東方教会法第702条[43] によって禁じられた、使徒継承性を欠き司祭叙階の秘跡的尊厳を認めない教会的団体の奉仕者と共に、聖体の生贄［聖体祭儀／聖餐式］を共同司式すること。

（2）さらに、聖体祭儀の挙行あるいはそれ以外の機会に、冒瀆を目的として一方の材料のみもしくは両方の材料を聖別するという犯罪は、教理省に留保される。この犯罪を犯す者は、罪の重大さに従って

去る者は、より重大な破門（excummunicatio maior）を受ける。聖職者の場合、聖職者の身分からの追放を含む他の刑罰によって処罰され得る。

（40）質問：教会法第1367条と東方教会法1442条において用いられている「投げ捨てる（abicere）」という言葉は、投げ捨てるという行為そのものを指しているのか？

回答：そうではない。その意味としては、聖なる形色に対する故意になされた乱暴な他の行為をも含む（Pontificium Consilium de Legum Textibus Interpretandis, *Responsio ad propositum dubium*, 4 iunii 1999 in *AAS* 91 [1999] 918）。

（41）神聖な典礼（ミサ聖祭）もしくは他の諸秘跡の挙行を偽装する（挙行の権能を持つにもかかわらず正しい意向を持たずにこれを行う）者は、より重大な破門も含めた適切な刑罰によって処罰されなければならない。

（42）宗教祭儀への参加を禁止する法律の規定（normae iuris de communicatione in sacris）に違反した者は、適切な刑罰によって処罰され得る。

（43）カトリックの司祭は、非カトリックの司祭ないし役務者と共に神聖な典礼（ミサ聖祭）を挙行することが禁じられる。

罰せられ、［聖職者の身分からの］追放あるいは罷免の処分も除外されない。

第4条　（1）教理省に留保されたゆるしの秘跡の聖性に反する犯罪とは次のものである。

1°　教会法第1378条第1項および東方教会法第1457条⁽⁴⁴⁾に規定されているとおり、神の十戒の第六戒に反する罪の共犯者を赦免すること。

2°　教会法第1378条第2項第2号に規定されているとおり、秘跡的赦免を試みたり⁽⁴⁵⁾、あるいはそれが禁じられているにもかかわらず告白を聴くこと。

3°　教会法第1379条および東方教会法第1443条に規定されているとおり、秘跡的赦免を偽装すること。

4°　教会法第1387条および東方教会法第1458条⁽⁴⁶⁾に規定されているとおり、聴罪司祭が、ゆるしの秘跡の挙行において、またはその機会に、またはその口実で告白者に対して神の十戒の第六戒に反する罪に告白者を誘惑すること。

5°　教会法第1388条第1項および東方教会法第1456条第1項⁽⁴⁷⁾

---

(44) 貞潔に反する罪の共犯者の赦免を行う司祭は、より重大な破門によって罰せられる。その際、第728条第1項第1号の規定に従うものとする。

(45) ［訳注］これはゆるしの秘跡の権限を持たない者が赦免を行おうとすることを指す。

(46) ゆるしの秘跡の挙行において、またはその機会に、あるいはその口実で、告白者を貞潔に反する罪に誘惑する司祭は、聖職者の身分からの追放を含めた適切な刑罰によって罰せられなければならない。

(47) ①秘跡的封印（秘跡的告白の守秘義務）を直接的に侵犯する聴罪司祭はより重大な破門によって処罰される。その際、第728条第1項第1号の規定に従うものとする。ただし、別の仕方で間接的に秘跡的封印を侵犯する者は、適切な刑罰によって処罰されなければならない。

に規定されているとおり、秘跡的封印（秘跡的告白の守秘義務）を直接的にまたは間接的に侵すこと。

　(2) 第1項第5号の規定を認めたうえで、真実であるか虚偽であるかを問わず、ゆるしの秘跡において聴罪司祭または告白者によって語られた事柄を、何らかの技術的手段を用いて記録する、あるいは悪意をもって社会的通信手段によってそれを流布することによって犯されるより重大な犯罪は、教理省に留保される。この犯罪を犯す者は、聖職者であればその身分からの追放あるいは罷免も含めて犯罪の重大さに従って罰せられる[48]。

第5条　女性を聖職者に叙階しようとする試みは、教理省に留保された重大な犯罪である。

　1°　聖職叙階を試みた者も、また聖職叙階を受けようとした女性も、使徒座に留保される伴事的破門制裁を受ける。ただし教会法第1378条の規定を妨げるものではない。

　2°　もし女性に対して聖職叙階を試みた者、あるいは聖職叙階を受けようとした女性が、東方教会法典の対象とされるキリスト信者である場合、同教会法第1443条の規定を踏まえながら、より重大な破門制裁 [excommunicatio maior]、つまりその赦免が使徒座に留保された破門制裁を受ける。

　3°　さらに、もし犯行者が聖職者であれば、その身分からの追放あるいは罷免によっても罰せられ得る[49]。

---

(48) Congregatio pro Doctrina Fidei, *Decretum de sacramenti Paenitentiae dignitate tuenda*, 23 septembris 1988, in *AAS* 80 (1988) 1367.

(49) Congregatio pro Doctrina Fidei, *Decretum generale de delicto attentatae sacrae ordinationis mulieris*, 19 decembris 2007, in *AAS* 100 (2008) 403.

第6条 （1）教理省に留保された倫理に反するより重大な犯罪とは次のものである。

　1°　聖職者によって18歳未満の年少者に対して犯された神の十戒の第六戒に反する犯罪。恒常的に理性の働きを欠く者は、この年齢以下の者と同等とみなされる。

　2°　聖職者がみだらな目的において、いかなる形態によってであれ、またいかなる手段によってであれ14歳以下の年少者のポルノ画像を、取得、保持、流布すること。

　（2）第1項の犯罪を犯した聖職者は、罪の重大さによって罰せられ、その身分からの追放あるいは罷免によっても処罰され得る。

第7条 （1）教理省に留保された犯罪に関する刑事訴追権は、通常20年の時効によって消滅する。ただし教理省が個別の事案に対して時効を部分的に廃止する権限は妨げられない。

　（2）時効は教会法第1362条第2項および東方教会法第1152条第3項[50]の規定に従って起算される。しかし、第6条第1項第1号の犯罪においては、時効は年少者が18歳になった日から起算されるものとする。

（50）時効は、犯罪が遂行された日から起算される。継続的または常習的犯罪の場合は、それが停止された日から起算される。

第2部

手続き規則

第1章
裁判所の設置とその管轄権

第8条 （1）教理省は、前述の犯罪の審判に関して、ラテン教会およびカトリック東方教会にとって使徒座の最高裁判所である。

（2）この最高裁判所は、個人として、また共犯者として関係があるという理由から、公益保護官によって起訴される犯行者のその他の犯罪についても審理する。

（3）この最高裁判所の固有の管轄権において下された判決は、もはや教皇による承認を必要としない。

第9条 （1）この最高裁判所の裁判官は、法そのものにより教理省の教父たちである。

（2）教父団の座長は、同等な地位を持つ教父たちの筆頭者である同省の長官が務める。長官が空位あるいは職務に妨げのある場合、その職務を同省の次官が務める。

（3）同省の長官は、恒常的あるいは一時的に他の者を裁判官に任命することができる。

第10条 裁判官には、年齢的に成熟した司祭で、教会法の博士号を取得しており、品行方正で、特に賢明さと法務経験において卓越した人物を任命する必要がある。その人物は、ローマ教皇庁の他の省において裁判官ないし顧問の職務を同時に担う者であってもよい。

第 11 条　訴訟を提起し公判を維持するために、公益保護官が任命される。公益保護官は司祭で、教会法の博士号を有し、品行方正で特に賢明さと法務経験において卓越した人物であるべきである。彼は裁判のすべての審級においてその職務を遂行する。

第 12 条　公証官と事務局長には、教理省の職員の司祭あるいは外部の司祭が任命される。

第 13 条　弁護人と代理人は、教会法の博士号を有する司祭が担当し、（教理省の）教父団の座長がこれを承認する。

第 14 条　他の裁判所において、この規則に関係する訴訟で、裁判官、公益保護官、公証官および弁護人の任務を果たすことができるのは司祭のみである。

第 15 条　教理省は、これらの任務のために司祭であること、および教会法の博士であることの要件を適法に免除することができる。ただしこれは、教会法第 1421 条および東方教会法第 1087 条[51] の規定を

---

　(51)　①東方教会の教区（eparchia）においては、司教によって教区裁判官が任命される。これは聖職者でなければならない。
　②総大司教（Patriarcha）は、自治権を有する首都座教会（ecclesia metropolitanae sui iuris）を監督する首都座大司教あるいは常任司教会議（synodo permanenti）の意見を聞いたうえで、最古参の二人の東方教会教区司教に意見を求めた後、信徒をも裁判官に任命する許可を与えることができる。必要に迫られた場合は、彼らのうちの一名を合議制裁判官団を構成するために採用することができるが、その他の事情においては、信徒の裁判官への任命に関しては使徒座に助言を求めなければならない。

妨げるものではない。

第16条　裁治権者あるいは東方教会の主教は、より重大な犯罪についての報告を受け取ったら、その都度、少なくともそれが真実であると思われる場合、事前調査を行い、それを教理省に報告する。同省は、特別な事情により事案を自らに移管させない限り、裁治権者あるいは主教に審理を進めるように命じる。しかし、第一審の判決に対して上告できるのは、同省の最高裁判所に対してだけである。

第17条　もし事案が事前調査なしに直接教理省に提訴された場合、共通法により裁治権者あるいは主教の任に帰される訴訟の準備は、同省自身によって遂行され得る。

第18条　教理省は、同省に適法に提訴された事案に関して、同省の委任によって、あるいは第16条の規定によって行われた下級裁判所での審理において、純粋な手続き上の法律の違反があった場合、弁護権を保証したうえで訴訟行為を有効化することができる。

第19条　事前調査の開始当初から、教会法第1722条あるいは東方教会法第1473条[52]に定められた措置を講じる権限に関して、（教理省

---

③裁判官は、評判の良い教会法の博士または少なくとも修士でなければならず、賢明さと正義に対する熱意において高い評価を得ている者でなければならない。

（52）躓きを避け、証人の自由を守り、正義が行われることを擁護するために、東方教会の主教は、公益保護官に意見を聴き、被疑者を召喚したうえで、訴訟がどの審級や段階にあっても、被疑者に聖なる奉仕職、教会内の職務およびその他の任務を行うことを禁止すること、ならびに特定の場所あるいは地域に住むことを命じまたは禁止すること、さらに公に神聖な聖体を受領することをも禁止することができる。こうしたすべての措置は、訴訟が回避された場合は法そのものに

の）輪番制法廷（turnus）の担当裁判長も、公益保護官からの求めに
応じて、その条文で定められているのと同じ条件に対して同じ権限を
有するものとする。ただしこれは、裁治権者あるいは主教の権限を妨
げるものではない。

第 20 条　最高裁判所である教理省は、第二審として次の審理を行う。

　1°　下級裁判所において第一審の判決が下された事案。

　2°　同使徒座最高裁判所において第一審の判決が下された事案。

第 2 章
裁判の順序

第 21 条　（1）教理省に留保されるより重大な犯罪は、司法手続きに
従って訴追されなければならない。

　（2）ただし、教理省には以下のことが認められている。

　1°　それぞれの事案において、職権により、あるいは裁治権者や
主教の求めにより、教会法第 1720 条および東方教会法第 1486 条[53]

より取り消されなければならない。また訴訟が中止された場合は法そのものによ
り終了し、刑事訴訟の終了時には法律そのものによって消滅する。

　(53)　①刑を科す決定書の有効性のために次のことが求められる。

　1. 被疑者は、法の規定に従って召喚され、出頭を怠ったのでない限り、完全
な自己弁護の権利行使の機会を与えられたうえで、告発内容と、その証拠につい
て知らされなければならない。

　2. 主教ないし主教から委任された者と被疑者との間で行われる口頭での審理
は、公益保護官と公証官の臨席のもとで行われなければならない。

　3. 同じ決定書の中で、処罰の法的根拠ならびに事実上の根拠について理由が
示されていなければならない。

　②もし犯行者が書面をもってそれらを認めた場合、この手続きを行わずとも第
1426 条第 1 項の刑罰を科すことができる。

が規定する裁判に拠らない決定を出すための手続きを行うよう定めること。ただし永久的な贖罪的刑罰は、教理省の指令によってのみ科すことができる。

2° 重大な犯罪の事案において犯罪が行われた事実が明らかになった場合、犯行者に自己弁護の権利を与えたうえで、独身の義務からの免除を伴う聖職者の身分からの追放あるいは罷免に関して直接教皇の決定に委ねること。

第22条 一つの訴訟を審理するために、教理省長官は、三名あるいは五名からなる一輪番制法廷（turnus）を設置する。

第23条 控訴審において、もし公益保護官が別種の起訴内容を提示した場合、本最高裁判所はそれを受理し第一審として裁判を行うことができる。

第24条 （1）第4条第1項に挙げられている犯罪の訴訟において、裁判所は、告発者が明白な同意を与えない限り、告発者の名前（情報）を被疑者にも、またその弁護人にも知らせてはならない。

（2）同裁判所は、特別な注意を払って、告発者の信憑性を評価しなければならない。

（3）ただし、秘跡的封印（秘跡的告白の守秘義務）の侵犯となるようないかなる危険も絶対に避けるよう注意しなければならない。

第25条 もし何らかの中間訴訟［審理中に生じた他の争点を主題とする訴訟］が生じた場合、裁判官団はできる限り速やかに決定書を出すことによってそれを解決する。

第26条 （1）他の裁判所において、いかなる形であっても訴訟が終了した場合、裁判所事務局は、すべての裁判記録をできる限り速やかに教理省に送付しなければならない。ただし本最高裁判所に控訴する権利は妨げられない。

（2）第一審の判決が本省の公益保護官に通知された日から、同公益保護官がその判決に対して不服申し立てを行う権利が生じる。

第27条 教理省に留保された犯罪の事案について、60日の上訴権有効期限内に提出された、同省が公布したか同省によって承認された個別的行政行為に対する不服申し立ては、同省の定期会合（すなわち水曜日の会議）において受理される。その会合は、使徒憲章『パストル・ボヌス *Pastor bonus*』[54] 第123条に従って、その不服申し立ての意義と合法性を判断するが、それ以外の事柄に対する申し立てはいかなるものであっても退けられる。

第28条 次の場合、裁判は確定したものとされる。

1° 第二審において判決が下された場合。

2° 判決に対する上告が一か月以内に提起されなかった場合。

（54）①決定あるいは訴訟において、訴えられている（法律）行為が何らかの法を犯しているかどうか議論される時は、いつでも［最高裁判所は］ローマ教皇庁の諸省によって承認された個別的行政行為に対して60日（2008年の自発教令 *Lex propria della Segnatura apostolica* により30日から60日へ延長された）の上訴権消滅期限内に上訴された事案について裁判を行う。②このような事案において、違法性の審判の他に、違法行為によって生じた損害の賠償に関して上訴する者がこれを申請した場合、［最高裁判所は］その裁判も行うことができる。③［最高裁判所は］ローマ教皇によって、あるいはローマ教皇庁の諸省によって委託された他の行政上の争議、すなわち等しく管轄権を持つ諸省の対立についても審判する（Ioannes Paulus PP. II, Constitutio apostolica *Pastor Bonus*, De Romana Curia, 28 iunii 1988, art. 123, in *AAS* 80 ［1988］891）。

3° 控訴審において審理が消滅した（上訴権消滅の時効が成立した）か、または取り下げられた場合。

4° 前第20条の規定に従って判決が下された場合。

第29条 （1）裁判費用は、判決文の定めに従って支払われなければならない。

（2）有罪判決を受けた者が費用を支払えない場合、その者の裁治権者あるいは主教が支払わなければならない。

第30条 （1）この種の訴訟は、教皇機密（secretum pontificium）に該当する[55]。

（2）故意あるいは重大な過失により、この機密を漏洩し、被疑者あるいは証人に損害を与える者は誰であれ、被害者からの求めにより、あるいは職権により、上級審の輪番制法廷によって相応の刑罰をもって処罰される。

---

(55) 1974年2月4日付の国務省の指針 *Secreta continere* の規定に則って、特別な配慮をもって教皇機密は遵守されるものとする（Segreteria Status, Rescriptum ex Audientia SS.mi *Il 4 febbraio*, quo Ordinatio generalis Romanae Curiae foras datur, 30 aprilis 1999, *Regolamento generale della Curia Romana*, 30 aprile 1999, art. 36 §2, in *AAS* 91 [1999] 646)。「第1条　教皇機密に含まれる事柄とは以下のものである。……④倫理に反する犯罪ないし信仰に反する犯罪、ゆるしの秘跡に際して犯された犯罪に関して受け取られた裁判外の告発。そうした告発に関する審理と決定の内容も同様の扱いとするが、それらの情報が、被疑者の自己弁護のために必要である場合はこの限りでない。その際、教会権威者に報告されたところの被疑者の告発内容を知る正当な権利の尊重が求められる。しかし、告発された人物と告発者が共に法廷に現れることが権威者に適切と思われる場合に限って、告発者の名前を知らせることができる……」(Secretaria Status seu Papalis, Rescriptum ex Audientia, instructio *secreta continere*, De secreto pontificio, 4 februarii 1974, in *AAS* 66 [1974] 90)。

第31条　これらの訴訟においては、すべてのラテン教会の裁判所とカトリック東方教会の裁判所が義務づけられる本規則の規定と併せて、それぞれの教会法典の犯罪と刑罰および刑事訴訟に関する条文が適用されなければならない。

教理省

『聖職者による未成年者に対する性犯罪に関する
司教協議会のガイドライン作成支援のための書簡』

　信者の公共善を守ること、特に子供や若者を守ることを目的とする
教区司教の重要な責務の一つとして、自教区内で聖職者による未成年
者に対する性犯罪が起きた場合に適切な措置を講じることが挙げられ
ます。この適切な措置として、これらの犯罪の被害者を支援するため
の手続きの制定、さらに未成年者の保護について考えるキリスト信者
共同体の養成が含まれます。こうした事案に関しては、該当する教会
法条文を適用すると同時に、国家法上の規定にも照らして適切な措置
が講じられなければなりません。

Ⅰ．一般的な諸側面

（a）性犯罪の被害者

　教会は、司教あるいはその代理者を通して、性犯罪の被害者および
その家族の話を聞き、彼らの霊的・精神的支えとなるべく、この問題
に熱心に取り組む用意があることを示さなければなりません。教皇ベ
ネディクト16世は、海外の司牧訪問において、性犯罪の被害者たち
と面会し、彼らと直に会って話を聴くという司牧者として極めて重要
な模範を示されました。この面会の時に、教皇は、自身の『アイル
ランドのカトリック信者への司牧書簡 *Lettera Pastorale ai Cattolici
d'Irlanda*』（第6項）の中で述べられた次のような被害者に対する共

感と支援の言葉をもって向き合うことを望まれました。「あなた方は、これまで本当にひどい苦しみを味わって来られました。そのことを私は大変遺憾に思っています。誰もあなた方の苦しみを消し去ることはできないということはよくわかります。あなた方の信じる心は裏切られ、あなた方の尊厳は踏みにじられたのですから」。

(b) 未成年者の保護

　幾つかの国においては、未成年者のために「安全な環境」を確立すべく、教会のさまざまな予防的教育プログラムが始められています。このプログラムは、親や聖職者、また学校関係者が性犯罪の兆候に気づき、それに対して適切な措置を講じる手助けとなることを目的としており、現代社会における対未成年者性犯罪根絶のための取り組みのモデルとしてしばしば評価を受けています。

(c) 将来の司祭および修道者の養成

　2002 年に教皇ヨハネ・パウロ 2 世は次のように語られました。「司祭職および修道生活に、若者を虐待する恐れのある者のための居場所は存在しません」(『米国枢機卿団に対する訓話』2002 年 4 月 23 日)。この言葉は、司教、上級上長および将来の司祭および修道者の養成の責任者たちにとって特別な責任感を呼び起こすものでした。使徒的勧告『現代の司祭養成 Pastores dabo vobis』の中で示された指針や、教皇庁の管轄機関の指針は、召し出しに関する正しい判断について、また志願者の健全な人間的、霊的養成について考慮することの重要性が、これまで以上に増していることを確認しています。特に志願者たちが、貞潔と独身ならびに聖職者の霊的な父としての責任を重んじ、この主題に関する教会の教えについて知識を深めていけるよう指導が行われるべきです。神学校の養成プログラム、また各国、各奉献

生活の会、各使徒的生活の会のそれぞれの『司祭養成基本要綱 *Ratio institutionis sacerdotalis*』に規定された養成の家の養成プログラムにおいて、今後、より具体的な指針がまとめられるでしょう[56]。

さらに、異なる教区の間、あるいは修道会と教区の間を移動する、あるいは一つの神学校から他の神学校へ移動する奉献生活者ないしは司祭候補者に関して、適切な情報交換ができるよう特別な配慮が必要です。

(d) 司祭たちの支援

1. 司教は、すべての司祭に対して、父としてまた兄弟として接しなければなりません。さらに司教は、特に司祭が叙階を受けて最初の数年間は、祈りと司祭としての兄弟愛における相互扶助が重要であることを強調しつつ、司祭の生涯養成に特別な配慮をするよう心がけなければなりません。そのため司祭は、未成年者に対する性犯罪が何者かによって行われた兆候に気づくことができるように準備する必要があります。また聖職者による性犯罪の犠牲者が受けた被害と、教会法および国家法の規定に従って聖職者が負うことになる責任についても熟知していなければなりません。

2. 司教は、性犯罪が発生した場合、すべての当事者の権利を尊重しながら、当該事件が教会法および国家法の規定に則って告訴されるよう全力を尽くすことを保証すべきです。

3. 告発された聖職者は、訴えが確かなものとなるまでの間、司教によって予防的にその職務の遂行が制限される場合があります。ただし有罪の証拠が挙げられるまでは推定無罪とされます。当該司祭が無

---

(56)［訳注］2016 年 12 月 8 日に聖職者省は、*Ratio Fundamentalis Institutionis Sacerdotalis, Il Dono della vocazione presbiterale*（司祭召命の恵み）を公布して、その 202 項でこの主題について指針を述べています。

罪とされた場合、不当に告発された聖職者の名誉回復のためにあらゆる手段が講じられなければなりません。

(e) 民間当局との協力

　未成年者に対する性犯罪は、教会法上の犯罪に該当するだけでなく、民間当局によって訴追される犯罪でもあります。民間当局と教会との関係性は、国によって異なるものの、それぞれの管轄範疇において互いに協力し合うことが重要です。特に、民間当局へ犯罪に関する事柄を付託する場合は、秘跡的内的分野（秘跡的内的法廷）を危険に曝すことのないように配慮しつつ、常に国家法の規定にも従うようにしなければなりません。こうした協力関係は、当然のことながら、聖職者による犯罪の事案のみならず、教会組織で働く修道者や信者の職員が関係する犯罪の事案においても注意が払われるべきです。

Ⅱ. 聖職者による未成年者に対する性犯罪に関連する現行教会法制についての短信

　教皇ヨハネ・パウロ2世は、2001年4月30日に自発教令『諸秘跡の聖性の保護 *Sacramentorum sanctitatis tutela*』を公布し、これにより聖職者による18歳未満の未成年者に対する性犯罪は、教理省に留保される重大な犯罪（delicta graviora）の一つとして扱われることとなりました。この犯罪の時効は、当初、被害者が18歳になる日から10年と定められました。この自発教令の規定は、ラテン教会および東方典礼諸教会の聖職者、また教区および修道会の聖職者のいずれに対してもその効力を有するものです。

　2003年当時、教理省長官であったラッツィンガー枢機卿は、重大な犯罪に関わる刑事訴訟においてできる限り柔軟な対応を可能にする

特別な権限を教皇ヨハネ・パウロ2世より与えられました。これには例えば、より重大な犯罪事案における刑事的行政訴訟の適用や職権による辞職勧告などが含まれます。この権限は、2010年5月21日に教皇ベネディクト16世によって承認された自発教令の改訂版に組み込まれました。新しい規定では、未成年者に対する性犯罪の時効は、被害者の18歳の誕生日より起算して20年とされました。教理省は、特別な場合に、この時効の適用を除外をすることができます。また、児童ポルノ対象物の取得、保持、流布に関する教会法上の犯罪についても具体的な規定が設けられました。

　まず初期段階では、司教および上級上長が、未成年者に対する性犯罪に対処する責任を負います。告発された内容が事実であると考えられる場合、司教または上級上長、あるいはその代理人は、教会法第1717条、東方教会法第1468条および自発教令『諸秘跡の聖性の保護』第16条に則って事前調査を実施しなければなりません。

　告発内容の信憑性が高いと判断された場合、当該事案は教理省に付託されなければなりません。教理省は、事案を精査したうえで、司教もしくは上級上長に次の必要な措置について指示します。同時に教理省は、適切な措置が確実に行われるための指導も行いますが、それは告発された聖職者にとっては自己弁護の基本的権利が尊重されるという手続き上の公正さを保証するものであり、また被害者の善を含む教会の善を保護するものでもあります。聖職者の身分からの追放などの永久的刑罰を科す場合は、通常、刑事訴訟を行う必要があるということを覚えておかなければなりません。教会法（第1342条参照）に従って、地区裁治権者は、通常、裁判に拠らない決定をもって永久的刑罰を科すことはできません。そのため、教理省に事案を付託することが必要であり、教理省は起訴された聖職者が有罪であるか否か、また職務に対する不適格性について、そして結果として永久的刑罰を科すべきか

否かの最終的な審判を下します（『諸秘跡の聖性の保護』第21条2項）。

　未成年者に対する性犯罪で有罪とされた聖職者に対して適用される教会法上の措置は次の二つです。

　(1) 完全な仕方で、あるいは少なくとも未成年者との接触を断つような仕方で、その公的職務を制限する措置。これは刑罰的禁止命令によって与えられます。

　(2) 教会法上の刑罰。そのうち最も重いものは聖職者の身分からの追放です。

　刑罰を宣告された聖職者の求めに応じて、教会の善のための措置（pro bono ecclesiae）として独身の義務など聖職者の身分に付随する義務の免除が与えられる場合があります。

　事前調査および訴訟の全段階は、関係者の秘密を守り、またその評判を貶めることのないよう十分注意を払って遂行されなければなりません。

　事案を教理省に付託する前に、重大な理由がない限り、告発を受けた聖職者は、その訴えの内容について十分に知らされ、それに回答する機会を与えられなければなりません。司教や上級上長は、事前調査の間にどの情報を被疑者に与えるべきか慎重に判断し決定します。

　司教および上級上長は、教会法第1722条および東方教会法第1473条に規定された予防的措置のうち、いずれを科すべきかを決定し、公共善を守る義務を履行します。司教もしくは上級上長は、自発教令『諸秘跡の聖性の保護』第19条に従って、事前調査を開始すると同時に当該措置を講じなければなりません。

　また、教皇庁の承認なしに司教協議会が特別規定を出そうとする場合、当該規定は、あくまで普遍的な法規定を補足するものであり、その代替となるものではないということを覚えておかなくてはなりません。したがってこのような特別規定は、ラテン教会法、東方教会法の

みならず、2010年5月21日に改定された自発教令『諸秘跡の聖性の保護』（2001年4月30日）との整合性が取れていなければなりません。司教協議会が拘束力のある規則の制定を決定する場合、ローマ教皇庁の管轄機関に承認を求めることが必要です。

Ⅲ．手続きの方法に関する地区裁治権者のための指針

司教協議会の作成するガイドラインは、各管轄地域に滞在する聖職者による未成年者に対する性犯罪について、疑わしい情報を得た場合に司教や上級上長に提供されるべき行動指針でなければなりません。こうしたガイドラインの作成に際しては以下の点に留意すべきです。

（a）「未成年者に対する性犯罪」の概念は、自発教令『諸秘跡の聖性の保護』の第6条の定義「聖職者によって犯された18歳未満の未成年者に対する十戒の中の第六戒に反する罪」、さらに教理省の判例法や法解釈の慣行に従って理解されなければなりません。加えて、地域ごとの国家法も念頭に置いた判断が必要とされます。

（b）犯罪を告発する者の立場が尊重されなければなりません。性犯罪が、ゆるしの秘跡の尊厳に対する他の犯罪（自発教令『諸秘跡の聖性の保護』第4条）と関連しているような場合、告発する者は、訴えられた司祭に自らの名前が知られないように求める権利を有します。

（c）教会権威者は、被害者の霊的・精神的支援に尽力しなければなりません。

（d）告発に対する調査は、プライバシー保護の原則および関係者の名誉を尊重したうえで適切に遂行されなければなりません。

（e）事前調査の段階においても、重大な事由がない限り、訴えられた聖職者は、その訴えの内容について十分に知らされ、それに回答する機会が与えられなければなりません。

（f）地域によって既に設置されている個別事案の監視や判断のための諮問機関は、各司教の判断や統治権に代わるものではありません[57]。

（g）ガイドラインは、司教協議会が置かれている国家法の体系に沿ったものでなくてはなりません。特に民間当局への報告の義務を怠ることのないようにしなければなりません。

（h）規律に関する訴訟あるいは刑事訴訟のすべての段階において、起訴された聖職者に対するしかるべき正当な生活費の保証が与えられるよう配慮します。

（i）起訴された聖職者の職務が、未成年者に危険を及ぼすか共同体において躓きを与えることが予想される場合、当該聖職者の公的職務への復帰を行わないように配慮します。

結論

司教協議会によって制定されるガイドラインは、未成年者を保護し、支援や和解を通して被害者を救済することを目的とするものです。こうしたガイドラインは、まず教区司教が、聖職者による未成年者に対する性犯罪に対処する責務を負っているということを明示していなければなりません。結果として、このようなガイドラインは、未成年者の保護に関して、司教たちのさらなる努力の調和を助ける司教協議会内部の共通指針となるものでなければなりません。

（57）［訳者注］例えば、教区や司教協議会に設置された諮問機関、相談窓口は、あくまでも司教の司牧上の判断を助けるための組織であって、事案解決のために教会の名において法的に行動すること、正式な事案の調査を行い、行政決定や裁判判決を行うのは、常に裁治権者ないし教会裁判所の専権事項です。

　　　　　　　　ローマ

　　　　教理省公邸において

　　　　2011年5月3日

　　長官　ウィリアム・レヴァダ枢機卿

　　次官　ルイス・F・ラダリア（イエズス会）

　　　　　ティビカの名義大司教

教皇庁法文評議会

『宣言』
──婚姻を試みた司祭による秘跡の挙行について──⁽⁵⁸⁾

幾つかの国において信者のグループが、教会法第 1335 条の規定に
訴えて、婚姻を試みた司祭に対してミサの挙行を求めたという事例を
顧慮して、一信者や信者共同体が、「正当な理由」から、無効な婚姻
を試みたことにより未宣告の伴事的聖職停止制裁（教会法第 1394 条 1
項参照）に服している聖職者に対して、秘跡もしくは準秘跡の挙行を
求めることが合法であるかどうかに関して、教皇庁の当省に対して質
問が提起された。

当省は、この問題について慎重に研究を行い、その結果、そのよう
な行動の仕方は完全に違法であることを宣言し、以下の点について通
達する。

（1）聖なる叙階を受けた者が婚姻を試みることは、聖職者の身分の
重大な義務違反に当たり（教会法第 1087 条、東方教会法第 804 条参照）、
それゆえ教会共同体の規律の求めに従って、司牧の任務の遂行にとっ
て客観的に不適格な状態を招くことになる。このような行動に関し
ては、聖職者に対して教会法上の犯罪として教会法第 1394 条第 1 項
および東方教会法第 1453 条 2 項が定める刑罰が科されるのみならず、
教会法第 1044 条第 1 項第 3 号および東方教会法第 763 条第 2 号にし

（58）*Communicationes* 29（1997）17-18.

たがって、当該聖職者は自動的に聖なる職階の行使に対して不適格（irregolaritas）となる。この不適格性は、既遂の事実に基づくものであることから永続的な性格を有しているため、罪のゆるしとは関係なく当事者に留まる[59]。

したがって、死の間際にある信者に対してゆるしの秘跡を行う場合を除いて（教会法第976条および東方教会法第725条参照）、婚姻を試みた聖職者が聖なる職階の行使を行うこと、特に感謝の祭儀を行うことは、それがいかなる仕方であっても適法ではない。また、死の間際にある者に対する場合を除いて、いかなる理由であっても、このような聖職者に信者がその聖務の執行を適法に求めることはできない。

（2）さらに刑罰の宣告がされていない場合でも――このような事案においては、魂の善がそれを勧めるにしても、仮にそれを必要とする状況で一定の犯罪に対して規定された簡易的な手続きを踏んだとしても（教会法第1720条第3号参照）――ここで想定されている事案においては、信者が司祭に聖務の遂行を求めることが適法であるという正当かつ合理的な理由は存在しない。

実際、このような犯罪の性質を考えると、その結果として科される刑罰とは別に、司牧上の任務遂行に対して客観的な不適格性が生じている。また当該事案において、聖職者の犯行と不適格の状況とが人々の間で周知であることを考慮すると、教会法第1335条の「正当な理由」を認めるための条件は消滅する。教会の霊的善を受け取る信者の権利（教会法第213条および東方教会法第16条参照）は、教会法の規定の範疇においてそれを遵守する仕方で行使されなければならないため、

---

(59) この場合の不適格の解除は使徒座にのみ留保されている（教会法1047条第1、2項参照）。

上述したような要求を正当化する仕方で理解されてはならない。

（3）教会法第 290 条および東方教会法第 394 条に従って聖職者の身分から追放された者は、ローマ教皇から独身の義務の免除を得て婚姻関係を結んだ者であろうとなかろうと、叙階に基づく権限の行使が禁止されることは周知のとおりである（教会法第 292 条および東方教会法第 395 条）。したがって、死の間際にある者に対するゆるしの秘跡は常に例外として、いかなる信者も上記の聖職者に対して秘跡の挙行を適法に求めることはできない。

教皇は 1997 年 5 月 17 日に本宣言を承認し、その公布を命じた。

法文評議会議長ユリアン・ヘランツ

ヴェルタラの名義大司教

次官ブルーノ・ベルターニャ

デリヴァストの名義大司教

秘跡の有効要件としての当事者の意思について

　教会法第 1379 条は、聖職者によって犯される犯罪として秘跡挙行
の偽装を扱っている。そのなかでも特に、聖体祭儀の挙行とゆるしの
秘跡の赦免の偽装に関しては、『教理省に留保されるより重大な犯罪』
（第 3 条第 1 項第 3 号、第 4 条第 1 項第 3 号）とされており、聖職者の
身分の剥奪も含む正当な処罰の対象とされている。

　秘跡の挙行の偽装とは、役務者が教会の行う秘跡を挙行する意思を
まったく欠いた状態で祭儀に臨むこと、さらに言えば積極的に「教会
が行うことを実践すること」に対する否定的意図を持って行うこと、
ないし秘跡挙行とはまったく異なる、それを凌駕する別の積極的な意
思をもって祭儀を行うことを言い、その場合当然、秘跡は無効となる。
それゆえ伝統的に教会は、司祭がミサやゆるしの秘跡の前には典礼書
にしたがって準備の祈りをするように求めてきたのである。聖職者に
よる秘跡の偽装、なかでも聖体およびゆるしの秘跡の偽装は、秘跡の
与え主に対するこの上ない不敬な行為であり、純粋に秘跡的恩恵に与
ることを期待する信者を欺く重大な犯罪であり、教会は特にこれらを
「より重大な犯罪」と定め、厳重な制裁の対象としている。このよう
な厳重な規定を定めることで、教会は諸秘跡の聖性を保護し、諸秘跡
によって命を豊かにされていく信者の尊厳と教会共同体の聖性を保護
しようとしているのである。

　そもそも司祭や司教が秘跡を挙行する場合、司式者が法的能力を
有し（有効に叙階されていて当該秘跡挙行に必要な権限を得ていること）、

当該秘跡を挙行するという司式者の純粋な意思を持ち（正常な判断力を持って少なくとも教会が祝うところの秘跡を行う意志を持っていること）、秘跡の有効性に関して法に規定された本質的構成要素（しるしと言葉、フォルマとマテリア）を伴っていれば、行為そのものによって（ex opere operato）秘跡は有効とされる。一方で秘跡を受ける側に求められる秘跡の有効性に関しては、法に規定された有効要件を満たしていることと、少なくともその秘跡を受けたいという意思が（暗黙の裡であれ）なければならない。例えば成人の洗礼や叙階においては、受け手が秘跡を受ける自発的な意思をもっていることが有効要件とされている（1842年3月2日付および1860年8月3日付の検邪聖省の指針参照）。

　しかしながら、秘跡の挙行に際して、それが有効である条件として、当事者が秘跡を行う／求める意思が、どの程度のものであるべきか、つまり秘跡についての理解の程度や秘跡を求める当事者の誠実さ、秘跡に関する信仰の度合いに関して明確な線引きをすることはおそらく不可能であろう。それでも役務者においては、「教会が行うことを実践する」最低限の意思が必要であるとされる（*DS* 1611）。秘跡神学の議論において、秘跡の役務者に関しては、伝統的に、定められた祭儀を外面的に単に実践するという意思だけで足りるとする考えが主流派であった。しかし第二バチカン公会議以後は、明確に教会の秘跡を実践する内面的な信仰の努力が求められるべきだとの考えも増えている[60]。秘跡の受け手側に関しても同じことが言えるだろう。それゆえ有効である条件としてとして求められる秘跡の受領者の意思については、最低限、秘跡そのものを望む意思さえあればそれで足りるとい

---

(60) Cf. J. M. Tillard, *A proposito dell'intenzione del ministro e dei soggetti dei sacramenti*, in Concilium 4（1968）131-147.

うべきである。なぜなら人の内面を見究め裁くことができるのは神の
みだからである。それゆえ、秘跡としてはそれを望む者に対して適法
かつ有効に挙行されている限りにおいて、それ自体有効であるものの、
さらなる秘跡的な効果・恩恵がどのように当事者に浸透していくかと
いう点については、個々人の信仰の状態や回心の誠実さに依拠すると
言ってよいのではないだろうか。秘跡の授け手、受け手を問わず、信
者個人が恩恵の状態を欠いていること自体は、当然、秘跡を無効とは
しない。しかしながら信者一人ひとりが、日々、秘跡的恩恵に対して
自らをふさわしい者としていくという信仰上の努力は、秘跡的恩恵を
豊かに受けられるために間違いなく必要とされるのである。

あとがき

　本書は、聖職者の違法行為のうち特に重大な事案について、教会がそれにどういった仕方で対処するのか、その最新の法規範を使徒座の公文書資料と共に紹介するものです。本書を通じて問題行動を起こした聖職者に対する対処法、すなわち教会法上の措置を信者の皆さんに知っていただくことは、信仰者としてのかけがえのない尊厳と教会の聖職の保護につながるのです。

　重大な不正をはたらく司教、司祭、助祭といった聖職者には、教会法上、当然制裁が科せられます。それが国家法上の犯罪に該当するものであれば国家法においても罰せられます。教会法上の処罰の中で最も重いものが聖職者の身分からの追放です。

　そもそも聖職者という身分は、単なる名誉職や特権階級などではなく、人々の救いに奉仕するために与えられた神の民における一身分です。ですからある聖職者が奉仕はおろか人々の害悪となることをしている場合、当然是正のための処罰が科せられ、なおも改善の見込みがない場合、人々の信仰の善、教会と諸秘跡の聖性の保護のために、教会はその聖職者の身分を剥奪します。

　いつの時代も聖職者による不祥事は、教会を悩ませる大きな問題の一つです。なかでも近年その実態が明らかになりつつある多くの聖職者による年少者に対する性的虐待の犯罪が、被害者と教会共同体にとって甚大な被害をもたらし、社会的に教会の信用を失墜させていることは皆さんもよくご存知のことと思います。

　しかしそれとは別に、小教区や修道院などの教会の内部組織におけるトラブルも絶えません。信徒の間のあるいは修道者の間のトラブル、

そして信徒と修道者もしくは聖職者との間のトラブルは、その規模の大小はあるものの常に教会を悩ます問題であることには変わりはありません。

　どうして多くの嘆きや悲しみの叫びが教会内で聞かれるのでしょうか。なぜ教会で嫉妬や陰口、無理解や差別による争いが絶えないのでしょうか。教会は主キリストが使徒を通してその後継者に委ねた神のいつくしみの家ではなかったのでしょうか。キリストは、最後の晩餐の席で、後に教会の指導者となっていく弟子たちに最高の法である愛の掟を残したのではなかったでしょうか。教会の行動原理は、キリストのいつくしみと愛、正義と真理のはずではなかったのでしょうか。教皇フランシスコは、一般謁見等の機会に度々そのような信仰の弱い私たちすべてが自らの姿勢を正すようにと厳しい言葉を語られます。教皇は、小教区における信者の在り方に始まり、修道者の姿勢、司祭たちの生き方、そして司教、枢機卿の責任ある態度に至るまで教会内部の問題点を指摘され、常なる回心を教会全体に促しています。本来、信者として、修道者として、司祭として、司教としてあるべき姿に立ち帰れと。

　このように、教会にとって福音宣教の妨げとなっている原因の多くは、実のところ教会の外にある障害よりもむしろ教会の内側にある問題ではないかと思われるのです。それは聖職者の抱える人間的、霊的、あるいは司牧上の問題だけでなく、教会の信者のメンタリティーや態度、教区や修道会といった組織の体質や在り方に起因する問題なのです。私たちは、自分はよくわかっているつもりであったり正しいことをしているつもりでいたりする一方で、実のところ他者を躓かせていたり、他人に悲しい思いをさせていたりと、いかに自分がキリストのいつくしみと愛から遠いところを歩んでいるかということには気づきにくいという欠点を認めざるを得ないでしょう。私たちは、まず本当

の意味での回心がいかに困難なものであるかということを素直に認めることから始める必要があるでしょう。

　しかしそうした悲しく愚かな私たちの教会の現実の中にも、主はいつも共にいて私たちの回心を待っているのです。時に我々の心の耳が閉ざされていたとしても、私たちが聞き従うべきみ言葉は常に存在し続けているのです。さらに言えば、私たちにはみ言葉を生きるための教会の教えと法も与えられているのです。それらは人間の創作物ではなく、私たちが常に主に向かって歩んでいくことができるようにと主から与えられた聖霊の賜物なのです。ですから、主の声を聞かず自分の意のままに行動することで、それらの賜物を蔑ろにするようなことのないように、神の語りかけを聞くことができるように、いつも目を覚ましていようではありませんか。

　罪深さを認識することと聖なる使命へと召し出されることとは、常に同時的でありまた相関的です。ですから、かつて偉大な使徒や聖人たちが経験したように、私たちも彼らの回心に学ぶようにしようではありませんか。私たちの中にある悪を悪と認めることのできる恵み、正しいことを愛することのできる恵みを大切にしようではありませんか。真理だけが人を自由にする（ヨハ8：32）のですから。

　ところで、教会で司祭が「神父様」「神父さん」と呼ばれることには意味があります。それは、司祭をただ単に「いい気分」にさせる悪しき慣習のようなもの、聖職者至上主義の象徴のようなものとして排斥されるべきものでは決してありません。司祭は本当の意味で「神父様」「神父さん」と尊敬と親しみを込めて信徒から呼ばれる者でなくてはならない存在なのです。それは信徒にとっての司祭は、まさに天の御父を示す主キリストのかたどりとして、すべてをかけて「いつも自分たちを愛してくださる方、どんな時でも自分たちに寄り添ってくれる方、決して見捨てない方」でいなければならないからです。慈愛

に満ちた御父の似姿としてのキリストに倣って生き、人々を導く愛の力を叙階において受けたがゆえに、司祭はまさに「神父」と呼ばれる存在なのです。ですから、人々がそのような存在を心から求めているその期待を裏切らないように、その名に恥じぬように日々を生きるという崇高な使命が司祭には与えられていることを覚えるべきなのです。

　私たちの教会が、キリストの教会として真の姿を示すことができますように、神のいつくしみの生きた証、主の愛を伝えることのできる共同体でありますように。そのために我々司祭が正しく働くことができるよう皆さんの祈りに委ねたいと思います。

　最後に、教皇庁聖職者省主催の *Corso di prassi amministrativa canonica*（教会行政法実務講座）で大変お世話になった同省の担当官諸師に感謝したいと思います。また教皇庁立ウルバノ大学の教会法学部の先生方、特に特別講座 *I delitti riservati alla Congregazione per la Dottrina della Fede*（教理省に留保された重大な犯罪）でご指導いただいた先生方にも感謝いたします。これらの講座で学んだ経験がなければ、そもそも本書は存在しなかったからです。また公文書の邦訳刊行の許諾に関して格別のご配慮をいただいた Libreria Editrice Vaticano（バチカン出版局）の関係者にも感謝申し上げます。

　また日本において、これまで幾つもの司祭の還俗の手続きに携わる機会を与えてくださった東京管区教会裁判所の法務代理・稲川保明神父様にも感謝いたします。こうした実務経験を通して、日本において司祭職を離れる人々の現実に幾度も触れ、そのための対処法を日本語でまとめておく必要性を強く感じたことが、実際、本書刊行の着想を与えることになりました。

　おわりに、本書が出版される運びとなるまで、長い間、多大なご尽

力をいただいた教友社の阿部川直樹氏と出版に携わってくださった関
係者の皆さんに心から感謝いたします。

2017 年春
東京教区司祭
田中　昇

著者略歴

田中　昇（たなか　のぼる）

1976年、埼玉県に生まれる。

1997年、東京、関口教会にて受洗。

1999年、早稲田大学理工学部卒業。

2001年、同大学院理工学研究科博士前期課程修了（応用化学専攻）。

2004年、東京カトリック神学院（現日本カトリック神学院）に入学。

2010年、日本カトリック神学院卒業、東京教区司祭として叙階される。

2011年、ローマ教皇庁立ウルバノ大学の神学学士号を取得。同大学へ留学。

2014年、同大学にて教会法修士号を取得、東京管区教会裁判所法務官となる。

2016年より、カトリック北町教会主任司祭、上智大学神学部非常勤講師を務める。

2017年より、南山大学神学部非常勤講師を務める。

［訳書］

R・E・ブラウン『ヨハネ共同体の神学とその史的変遷──イエスに愛された弟子の共同体の軌跡』（2008年、教友社）

R・E・ブラウン『解説「ヨハネ福音書とヨハネの手紙」』（2008年、教友社）

G・ラヴァージ『出会い── L'incontro ──祈りにおける神との再会』（2014年、フリープレス）

M・ヒーリー『カトリック聖書注解　マルコによる福音書』（2014年、サンパウロ）

［訳・編書］

カルロス・エンシナ・コンメンツ『ゆるしの秘跡と内的法廷　使徒座に留保された事案の解決法』（2015年、教友社）

使徒座裁判所ローマ控訴院『自発教令「寛容な裁判官、主イエス」適用のための手引』（2016年、教友社）

『カトリック教会における婚姻──司牧の課題と指針』（2017年、教友社）

Nihil obstat
Bartholomaeus Yasuaki INAGAWA
Censor deputatus

IMPRIMATUR
Petrus Takeo OKADA

Archiepiscopus Tokiensis
Die 27 mensis iulii anni 2017

聖職者の違法行為と身分の喪失　　その類型と手続き規則

発行日⋯⋯⋯2017 年 10 月 13 日 初版

著　者⋯⋯⋯田中　昇
発行者⋯⋯⋯阿部川直樹
発行所⋯⋯⋯有限会社 教友社
　　　　　　　275-0017 千葉県習志野市藤崎 6 - 15 - 14
　　　　　　　TEL047（403）4818　FAX047（403）4819
　　　　　　　URL http://www.kyoyusha.com
印刷所⋯⋯⋯モリモト印刷株式会社
©2017, Noboru Tanaka Printed in Japan
ISBN978-4-907991-36-4 C3016

落丁・乱丁はお取り替えします